ISBN 978-1-332-77378-7
PIBN 10441500

This book is a reproduction of an important historical work. Forgotten Books uses state-of-the-art technology to digitally reconstruct the work, preserving the original format whilst repairing imperfections present in the aged copy. In rare cases, an imperfection in the original, such as a blemish or missing page, may be replicated in our edition. We do, however, repair the vast majority of imperfections successfully; any imperfections that remain are intentionally left to preserve the state of such historical works.

1 MONTH

FREE

READING

at

www.ForgottenBo

By purchasing this boo
eligible for one month me
ForgottenBooks.com, g
unlimited access to oi
collection of over 1,000,0
our web site and mob

To claim your free mo

www.forgottenbooks.com/

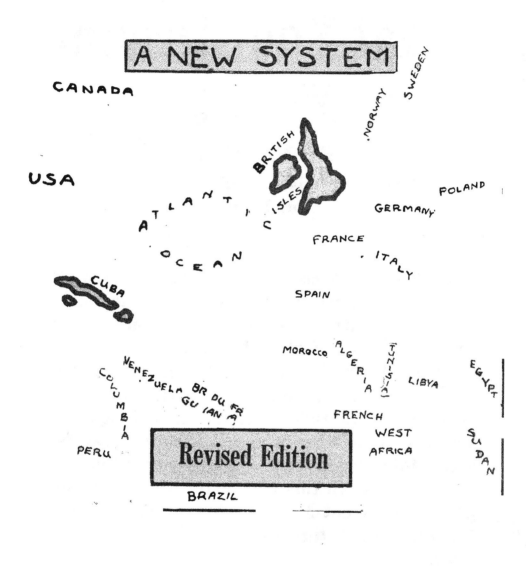

What Your Dream Meant

BY MARTINI

Author of Palmistry and How to Know Your Future

 A collection of dreams based on modern Psychology and the workings of the subjective mind. Not a lot of stuff drawn from the imagination of some fantastic mind, but dreams that have actually been verified in hundreds of cases. This book is so arranged that when a dream occurs, it can be easily interpreted as one knows just where to look for it. With this wonderful book from the pen of the great Martini, you can easily foretell your own future as any medium. 200 large pages.

Attractive Paper Cover
Sent Postpaid Upon Receipt of 50c

SWEDISH SELF-TAUGHT

BY

E. G. GEIGER.

A New System, Founded on the Most Simple Prnciples

FOR

Universal Self Tuition, With Complete Pronunciation

of Every Word.

I. & M. OTTENHEIMER,
Publishers
BALTIMORE   MARYLAND
Printed in U. S. A.

REPLACING

24974

NOTE.—In the Swedish language there is no article *"the"*; but the termination of a noun represents the article *"the."* For instance, *horse* is häst; but *"the horse"* is hästen. This rule applies throughout. The substantives or nouns in this work are shown with the termination or the equivalent of the article the. To obtain the substantive without the article it will only be necessary to drop the termination of any noun, and the radical remaining will express the noun without the article *"the."*

Example—Katten, the cat. Now, cut off the terminal *"en,"* and we have simply katt, cat.

Swedish Alphabet and Pronunciation.

The Swedish Alphabet consists of the following 28 letters:

English Character	Swedish Character.	Name of the Letter.	Pronunciation.
A a	A a	ah	as in "all."
B b	B b	bay	as in English.
C c	C c		as in "call" before a o u or a consonant.
		say	as in "sell" before e i y.
D d	D d	day	as in English.
E e	E e		as in "scene" when long.
		ay	as in tell when short.
F f	F f	af	as in English.
			a in "go" before a o u or a consonant.
G g	G g	gay	as in "gem" before e i y å ö.
H h	H h	hoh	as in "hall."
I i	I i		as ea in "sea."
		eeh	as i in "sin."
J j		yee	as y in "you."
			as ch in chair before e i y å ö.
			as k in kid before a o u or a consonant.
K k	K k	koh	
L l	L l	el	as l in "tell."
M m	M m	em	as m in "me," same as in English.
N n	N n	en	as n in "no."
O o	O o	oo	As oo in "soon," or as o in "coal."
P p	P p	pay	as p in pope.

5

Q q	Q o	kue	as k in English. Not much in use at present.
R r	R ɪ	err	as r in ring.
S s	S s	es	as s in "some," same as in English.
T t	T t	tay,	as t in "toe."
U u	U u	au	as u in "under."
V v	V v	vay	as v in "van."
W w	W w	double vay	same as V. Used only in proper nouns.
X x	X x	aks	as x in "fox."
Y y	Y y	oej	as y in "system."
Z z	Z z	satah	as s in English. Not much in use at present.
	A å	A oh	as o in "old."
	A ä O ö	A aeh	as a in "say." O as au in southern

Vowels Are:

a, e, i, o, u, y, å, ä, ö.

They are pronounced ah, eh, ee, oo, ou, oey, oh, aeh, oeh.

a, o, u, å are called hard vowels in comparison with e, i, y, ä, ö, which are called soft vowels.

The letters e and o designate each two sounds—e sound as in "eld" and ä sound as in "efter," pronounced after.

O sound as in "blod" pronounced bloode, and å sound as in "troll" pronounced as in English.

Some vowels change from one sound to another. This is called "omljud," umlaut in German; as a and å to ä, o to ö and u to y. Example—"fader," father, plur. fäder; "son," son, plur. "söner;" "ung," young, "yngre," younger.

PART I.—ENGLISH WORDS.

The Earth.

English.	Swedish.	Pronunciation.
the weather	vaderet	vaderet
the summer weather	sommar vaderet	somaarvaderet
the winter weather	vinter vaderet	vinterwaderet
the wind	vinden	vind
the rain	regnet.	regnet
the storm	stormen	stormen
the hail	hagelet	haagelet
the earth	jorden	yoorden
the fire	elden	elden
the water	vattnet	vaatnet
the rainwater	regn vattnet	regnvaatnet
the stream	strömen	stroemen
the sea	hafvet	haavet
the morning	morgonen	morgoonen
the day	dagen	daagen
the midday	middagen	middaagen
the night	natten	naaten
the moon	månen	moanen
the sun	solen	soolen
the star	stjärnan	schaernan
the light	ljuset	yuuset
the year	året	oaret
the frost	frosten	froasten
the summer	sommaren	somaaren
the winter	vintern.	vintern
the snow	snön	snoen
the ice	isen	eesen
the thunder	åskan	oaskan

The Human Body.

English.	Swedish.	Pronunciation.
he foot	foten	footen
the hair	håret	boret
the hand	handen	haanden
he right hand	högra handen	hoegra haanden
the left hand	vänstra handen	vanstra haanden
the heart	hjärtat	jartat
the hip	höften	hoeften
the knee	knäet	knaet
the ear	örat	oerat
the chin	hakan	haakan
the eyebrows	ögonbrynen	oegonbrynen
the elbows	armbågen	aarmbogen
the fist	knytnäfven	knytnaven
the finger	fingret	fingret
the flesh	köttet	choettet
the lip	läppen	lapen
the underlip	under läppen	under lapen
the upperlip	öfver läppen	oever lapen
the neck	nacken	naaken
the nose	nåsan	nasan
the mouth	munnen	munen
the arm	armen	aarmen
the beard	skägget	chaget
the blood	blodet	bloodet
the bosom	barmen	baarmen
the breast (chest)	bröstet	boestet
the eye	ögat	oegat

Relations.

the sister	systern	systern
the uncle	farbrorn, morbrorn	faarbroorn, moor- broorn

English.	Swedish.	Pronunciation.
the aunt	fastern, mostern	faastern, moostern
the nephew	brorsonven, syster-sonen	broorsonen, syster-sonen
the niece	brosdottern, syster-dottern	broorsdottern, syster-dattern
the girl (maiden)	flickan	flikka´n
the father	fadern	faadern
the grand-father	farfavdernvmorfad-ern	faarfaadern, moor-faadern
the step-father	styffadern	styvfaadern
the fatherland	fäderneslandet	faderneslaandet
the mother	modern	moodern
the brother	brodern	broodern
the man	mannen, människan	maanen, manichaan
the young man	unga mannen	unga maanen
the old man	gamle mannen	gaamla maanen
the wife (woman)	hustrun	houstrun
the bride	bruden	bruhden
the widow	änkan	ankan
the widower	änkemannen	ankemannen
the guest	gåsten	yasten
the neighbor	grannen	graanen
the friend	vännen	vanen
the buttermilk	tjärmnjölken	chairnmioelken
the oil	oljan	olyan
the fish	fisken	fisken
the flesh (meat)	köttet	choettet
the wine	vinet	veenet
old wine	gammalt vin	gamalt veen
the punch	punchen	punschen
the rum	romen	romen
the water	vattnet	vaatnet
the salt	saltet	salltet
the pepper	pepparn	peparn

English.	Swedish.	Pronunciation.
the salad	saladen	saalaaden
the soup	soppan	sopan
the beer	ölet	oelet
the glass	glaset	glaaset
the flask (bottle)	flaskan	flaaskan
the bread	brödet	broedet
fresh bread	färskt bröd	farskt broed
the butter	smöret	smoeret
fresh butter	färskt smör	farskt smoer
the cheese	osten	oosten
the honey	honungen	honungen
the milk	mjölken	meyoelken
the beefsteak	biffsteken	biffstakeen
the pudding	puddingen	pudingen
the coffee	kaffet	kaafet
the tea	the et	tayet
the chocolate	chokladen	shooklaaden
the lemonade	lemonaden	lemoonaaden

Town and Country.

English.	Swedish.	Pronunciation.
the oven	ugnen	ungnen
the glass	glaset	glaaset
the beerglass	ölglaset	oelglaaset
the wineglass	vinglaset	veenglaaset
the stool (chair)	stolen	stoolen
the field	fältet	faltet
the dale (valley)	dalen	daalen
the house	huset	huuset
the garden	trädgården	tradegorden
the land	landet	laandet
the market	torget	toryet
the street	gatan	gaatan
the church	kyrkan	chyvkan
the post	posten	posten

English.	Swedish.	Pronunciation.
the bank	banken	baanken
the theatre	theatern	tayaatern
the hospital	sjukhuset	chuukhuuset
the coffeehouse	kaffehuset, kafeet	kaafehuuset, kaafayel
the palace	slottet	slotet
the haven (harbour)	hamnen	haamnen
the door	dörren	doeren
the bed	bädden	beden
the mattress	madrassen	maadraasen
the wood (forest)	skogen	skoogen
the bush	busken	busken
the heath	ljungen	youngen
the hill	kullen	kulen
the mill	kvarnen	quaarnen
the corn	majsen	maajsen
the straw	halmen	haalmen

The Professions and Trades.

the hatter	hattmakaren	haatmaakaaren
the shoe	skon	ckoon
the shoemaker	skomakaren	skoomaakaaren
the beard	skägget	schaget
the barber	barberaren	baarberaaren
the baker	bagaren	baagaaren
the bookbinder	bokbindaren	bookbindaaren
the book	boken	hooken
the doctor	doktorn	doktorn
the hat	hatten	haaten
the dancingmaster	dansmästaren	dansmaestaaren
the post	posten	posten
the postmaster	postmästaren	postmaestaaren
to ride	att rida	aatt reedaa
the ridingmaster	ridmästaren	reedmaestaaren
the school	skolan	skoolaan

English.	Swedish.	Pronunciation.
the schoolmaster	skolmåstaren	skoolmaestaaren
the glass	glaset	glawset
the glazier		
the nail	spiken	speaken
the saddle	sadlen	saadlehn
the saddler	sadelmakaren	saadelmaakahren
the mill	kvarnen	kvaarnehn
the miller	mjölnaren	mjoelnaaren
the master	måstaren	maestaaren
dancing	dansande	daansaandeh
the smith	smeden	smedehn
the smithy	smedjan	smedyahn
the nailsmith (nail-maker)	spiksmeden	speaksmedehn
the goldsmith	guldsmeden	guldsmedehn
the coppersmith	kopparsmeden	kawpaarsmedehn
the weaver	våfvaren	vaevaaren
the king	kouungen	konungehn
the prince	prinsen	prinsehn
the baron	baronen	barroonehn
the officer	officeraren	officeraarehn
the soldier	soldaten	soldawten
the pope	påfven	powven
the archbishop	arkebiskopen	ahrkehbeeskopehn
the bishop	biskopen	beeskopehn

The Clothing.

the wool	ullen	ullehn
the stick	kåppen	choeppehn
the cravat	manshalsduk	maanshahlsduke
the purse	penningpungen	penningpungehn
the cap	mössan	moessaan
the ring	ringen	ringehn
the jacket	jackan	yakkahn

English.	Swedish.	Pronunciation.
the shoe	skoen	skooehn
the hat	hatten	haattehn
the brush	borsten	boerstehn
the hairbrush	hår borsten	hoar boerstehn
the frock (coat)	fracken	frahkehn

The Quadrupeds.

the swine (pig)	svinet	sveenet
the hare	haren	haaren
the roe	hinden	hinden
the ox	oxen	ooxen
the bull	tjuren	chuuren
the cow	kon	koon
the calf	kalfven	kaalven
the hound (dog)	hunden	huunden
the cat	katten	kaaten
the rat	råttan	rohtan
the mouse	musen	muusen
the sheep	fåret	fohret
the lamb	lammet	laamet
the fox	räfven	rasven
the wolf	ulfven	ulven
the bear	björnen	beyoernen
the elephant	elefanten	elefanten
the camel	kamelen	kaamaylen

Birds, Fishes and Insects.

the raven	korpen	korpen
the lark	lärkan	larkan
the crow	kråkan	krowkan
the nightingale	näktergalen	naktergaalen
the cuckoo	göken	yoeken
the eel	ålen	ohlen
he frog	grodan	groodan

English.	Swedish.	Pronunciation.
the worm	masken	maasken
the spider	spindeln	spindeln
the oyster	ostronet	oostronet
the crab	kräftan	kraftan
the swallow	swalan	svaalan
the finch	finken	finken
the sparrow	sparfven	spaarven
the fish	fisken	fisken
the carp	karpen	kaarpen
the herring	sillen	silen
the swan	svanen	svaanen
the falcon	falken	fahlken
the goose	gåsen	gosen
the stork	storken	storken
the snipe	snäppan	snapan
the flea	loppan	lohpan
the fly	flugan	fluegan
the bee	biet	bee et
the wasp	getingen	yetingen
the snail	snigeln	sneegeln

Minerals, Metals, Etc.

English.	Swedish.	Pronunciation.
the zinc	zinken	sinken
the bronze	bronsen	brohnsen
the diamond	diamanten	diaamaanten
the pearl	pärlan	pahrlan
the coral	korallen	kooralen
the marble	marmorn	maarmoorn
the gypsum	gipsen	yeepsen
the lime (clay)	kalken	kaalken
the chalk	kritan	kreetan
the coal	kolet	koalet
the earth	jorden	yoorden
the sand	sanden	saanden

English.	Swedish.	Pronunciation.
he stone	stenen	stehnen
the gold	guldet	guldet
the silver	silfveret	silvret
the copper	kopparn	kaparn
the iron	jernet	yarn
the tin	tennet	tennet
the steel	stålet	stohlet

Ships and Shipping.

the ship	skeppet	schepet
the boat	båten	boaten
the ship of the line	skeppet af den linjen	schepet aaf dan leenyen
the fisherboat	fiskare båten	fiskaareþoaten
the anchor	ankaret	annkaaret
the strand	stranden	straanden
the rudder	roderet	roodret
the net	nätet	naytet
the lading (freight)	lasten	laasten
the freight	frakten	fraakten
the deck	däcket	dacket
the flag	flaggan	flaagan
the mast	masten	maasten
the foremast	förmasten	foermaasten
the sail	segelet	seglet
the coast	kusten	kusten
the cliff	klippan	klipahn
the downs	sandbanken	saandbaanken
the haven	hamnen	haamnnen
the ground	grunden	grunden
the storm	stormen	stormen
the fleet	flottan	flotaln
the frigate	frigatten	fregotte

Colors.

English.	Swedish.	Pronunciation.
green	grön	groen
yellow	gul	guul
orange	mörk gul	moerk guul
purple	purpur	purpuhr
violet	violett	veeoolet
white	hvit	veet
red	röd	roed
blue	blå	blow
brown	brun	brunn
grey	grå	grow

Adjectives.

English	Swedish	Pronunciation
fat	fet	feht
fine	fin	feen
mild	mild	mild
deep	djup	juup
fresh	färsk	farsk
ripe	mogen	moogen
warm	varm	vaarm
long	lång	long
high	hög	hoeg
full	full	full
cool	kall	kallh
near	nära	paraah
hard	hård	hord
light	lätt	lat
wild	vild	vild
old	gammal	gaamhl
young	ung	nng
new	ny	nyh
great	stor	stoorh
good	god	goohd

English.	Swedish.	Pronunciation.
ich	rik	reek
old	kavlt	kalt
wise	vis	vees
blind	blind	blind
unwell	sjuk	chuuk
hot	het	haet
thick	tjock	chock
neat	nätt	nat
thin	tunn	tun
unripe	omogen	oomoogen
bitter	bäsk	bask
small	liten	leeten
wide	vid	veed
open	öppen	oepen
loud	högljudd	hoegyud
right	rätt	rat
broad	bred	bredh
round	rund	rund
false	falsk	fahlsk
sour	sur	suur
hollow	hålig	holeig
sharp	skarp	skaarp
flat	flatt	flaht

Verbs.

to eat	att äta	aht atah
to drink	att dricka	aht drickah
to dream	att drömma	aht droemah
to wash	att twätta	aht twatah
to comb	at kamm'	aht kaamah
to go	att gå	aht go
to speak	att tala	aht taalah
to laugh	att skratta	aht skraatah
to think	att tänka	aht tankah

English.	Swedish.	Pronunciation.
to learn	att lära	aht larah
to bathe	att bada	aht baadah
to break	att bryta	aht brytah
to bite	att bita	aht beetah
to cost	att kosta	aht kaastah
to hear	att höra	aht hoerah
to help	att hjelpa	aht yelpah
to give	att gifva	aht yeevah
to make (do)	attillverka	aht tilvahtah
to do	att göra	aht yoerah
to ride	att åka	aht ohkah
to say	att säga	aht saygah
to send	att sända	aht sandah
to seek	att söka	aht sockah

PART II.—WORDS MOST COMMONLY USED.

The World and Its Elements.

the brook	bäcken	backen
the lake	sjön	schoen
the sea	hafvet	haavet
the tide	tidvattnet	tvedvahtnet
the cloud	molnet	molnet
the storm	stormen	stormen
the lightning	blixten	blixten
the rainbow	regnbågen	rengnbohgen
the fog	dimnan	dimahn
the river	floden	flooden
God	Gud	Guudh
the Creator	skaparen	skaaparen
nature	naturen	naatuuren
the sky	skyn	schyhn
the world	verlden	varden
the air	luften	luften

English.	Swedish.	Pronunciation.
the ebb	ebben	aben
the shore	stranden	straanden
the mountain	berget	basryet
the meadow	ängen	angen
the forest	skogen	skoogen

The Human Body.

English.	Swedish.	Pronunciation.
the body	kroppen	kropen
the skin	skinnet	schinet
the face	ansiktet	aansiktet
the head	hufvudet	huuvudet
the forehead	pannan	paanan
the tongue	tungan	tungan
the feeling	känseln	chanseln
the smell	lukten	luckten
the neck	nacken	naacken
the back	baken	baaken
the leg	benet	behnet
the tooth	tanden	taanden
the stomach	magen	maagen
the voice	rösten	roesten
the hearing	hörseln	hoerseln
the sight	synen	syhnen
the taste	smaken	smaaken

Relations.

English.	Swedish.	Pronunciation.
the brother-in-law	swägern	svoger
the cousin	kusinen	kuuseen
the aunt	faster, moster	faaster, mooster
the marriage	äktenskapet	aktenskaapet
the wedding	bröllopet	broelopet
the woman	kvinnan	kevinahn
the boy	gossen	gosen
the girl	flickan	flickahn

English.	Swedish.	Pronunciation.
the child	barnet	baarnet
the old man	den gamle mannen	dan gamlae maanen
the parents	föräldrarna	
the father-in-law	foärfadern	foeraldraarnah svar-faader
the mother-in-law	svärmodern	svarmoeder

Nutriments.

beef	oxkött	ooxchoet
roast-beef	rost. biff	roastbiffe
veal	kalf-kött	kaalvchoet
calves-liver	kalf lefver	kaalvlever
veal-cutlets	kalfkotlett	kaalvkootlet
the meal	målet	mohlet
the breakfast	frukosten	frukosten
the dinner	middagen	middaagen
the refreshment	förfriskningen	foerfriskningen
the supper	kvällsmaten	kvalsmaaten
boiled meat	kokt kött	kookt choet
roast meat	stekt kött	steakt choet
an omelet	omlett	omlette
cake	torta	tortah
cheese	ost	oost
eggs	ägg	egg
Hock	Rhenskt vin	Rhenskt veen
Port-wine	Port vin	Port veen
Sherry	xeres vin	
mutton	fårkött	forechoet
a leg of mutton	fårlår	forelore
pork	fläsk	flask
ham	skinka	schinkah
bacon	rökt fläsk	rockt flask
a sausage	korf	korv
vegetables	vegetabilier	vegetabili-
a pie	pastej	paasteye

Eating Utensils.

English.	Swedish.	Pronunciation.
the fork	gaffeln	gaafeln
the spoon	skeden	schaeden
the vinegar	ättikan	atikan
the mustard	senapen	schnaapen
the cup	koppen	kupen
the dish	fatet	faatet
the eating	ätandet	astandet
the drinking	drickandeι	drickandet
the tablecloth	bordduken	boordduuken
the napkin	servetten	servetten
the plate	talriken	taalricken
the knife	knifven	keneeven

The Sea.

English.	Swedish.	Pronunciation.
the shore	stranden, kusten	straanden, kusten
the waves	vågorna	vogoorna
the tide	tidvattnet	teedvatnet
the rock	klippan	klipan
the beach	stranden	straanden
the ocean	oceanen	ooceaanen
the Baltic	östersjön	oesterschoen
the North-Sea	nordsjön	noordschoen
the channel	kanalen	kaanaalen
the island	ön	oehn
the navy	flottan	flawttaan
the vessel	fartyget	fawrtyget
the steamer	ångaren	aangaaren
the man-of-war	krigskeppet	kreegsschippet
the sailor	sjömanen	schoemaanen
the cabin-boy	skepsgossen	scheppsgosse
the pilot	lotsen	lootsen

English.	Swedish.	Pronunciation.
the light-house	fyrbåken	fyrboaken
the harbour	hamnen	haamnen
the merchant vessel	handelsfartyget	haandelsfahrtyget
the rudder	roderet	rowderet
the rigging	riggen	reegen
the cabin	hytten	hytten
the stern	aktern	aaktern
the bow	fören	foeren
the main-top	midtoppen	meedtoppen
the oar	åran	oaraan
the rope	repet	repet
the captain	kapten	kaapten·
the boatswain	båtsman	boatsman

Time and Seasons.

the minute	minuten	meenuten
the second	sekunden	sekunden
the seasons	årstiderna	oarsteedernaa
spring	vår	voar
summer	sommar	sommaar
autumn	höst	hoest
winter	vinter	veenter
a century	ett århundrade	et oarhundraadeh
the year	året	oaret
the month	månaden	mornaaden
the week	veckan	vikaan
the day	dagen	daagen
the hour	timmen	teamen
half-an-hour	halftimmen	hahlfteamehn
January	Jaunari	Januaaree
February	Februari·	Februaaree
March	Mars	Marse
April	April	Aapril
May	Maj.	Maaj

English.	Swedish.	Pronunciation.
June	Juni	Junee
Sunday	Söndag	Soendaag
Monday	Måndag	Mowndaag
Tuesday	Tisdag	teasdaag
Wednesday	Onsdag	Ohnsdaag
Thursday	Thorsdag	Toorsdaag
Friday·	Fredag	Fredaag
Saturady	Lördag	Loerdaag
a holyd‹y	en hälgdag	en haelgdaag
Christn‹s	Jul	Yule
Easter	Påsk	Pohsk
July	Juli	Yuli
·August	Augusti	Aaugusti ·
September	September	September
October	Oktober	Oktoober
November	November	Noovember
December	December	December
the days of the week	veckans dagar	vikaans dogaar
Whitsuntide	Pingst	Pingst
the morning	morgonen	morgoonen
noon	middag	middaag
the afternoon	eftermiddagen'	eftermiddaagen
the evening	aftonen	aaftoonen
the night	natten	naatten
midnight	midnatt	meednaatt
sunrise	saluppgång	soolupgong
sunset	salnedgång	soolnedgong

The Town.

the city	staden	staaden ·
the suburb	förstaden	foerstaaden
the gates	portarna	poortaarnaa
the edifice	byggnaden	byggnaaden
the tower	tornet	toornet

English.	Swedish.	Pronunciation.
the cathedral	katedralen	kahtedraalen
the church-yard	kyrkogården	chyrkogaerden
the town hall	stadshuset	staadshewset or staadshewset
the arsenal	arsenalen	ahrsenaalen
the mint	myntverket	myntvertket or myntvehrket
the custom-house	tull huset	tullhewset
the libray	biblioteket	biblavtiket
the university	universitetet	univerhrsetettet
the exchange	vexelkontoret	vexelkohntooret
the prison	fångelset	faengelset
the square	torget	tawryet
the lane	gränden	granden
the bridge	bryggan	brygahn
the monument	monumentet	monumehntet
the dining-room	matsalen	maatsaalen
the public house	buset för allmänheten	buset foehr ahlmaenheten
the shop	butiken	buteeke

The House.

the oil	oljan	oljahn
to light	ljuset	youset
the bed	sängen	saengen
the counterpane		
the sheets	lakannen	lawkahnen
the pillow	kuddarna	kewdaarna
the basin	tvättfatet	tvaetfaatet
the drawing-room	förmaket	foermaaket
the sitting-room	läsrummet	laesrummet
the dining-room	matsalen	maatsaalen
the sleeping-room	sofrumme⁺	sovrummct
the kitchen	köket	choeket

English.	Swedish.	Pronunciation.
the cellar	källaren	chaellaren
the window	fönstret	foenstret
the stove	kaminen	kasmeenen
the chimney	skorstenen	skoorstenen
the looking-glass	spegeln	spegeln
the table	bordet	boordet
the chair	stolen	stoolen
the armchair	armstolen	aarmstoolen
the carpet	mattan	maataan
the chest of drawers	dragkistan	draagcheestaan
the sofa	soffan	safaan
the candlestick	ljusstaken	yusetaaken
the candle	ljuset	yuset
the lamp	lampan	laampaan
the wick	veken	veken
the bell	klockan	klowkaan
the knocker	klappen	klaapen
to open	att öppna	aatt oepna
the servant	tjänaren	chaenaaren
the staircase	trappan	traapaan
the room	rummet	rummet
the soap	såpan	soapaan
the towel	handduken	haanddukehn
warm water	varmt vatten	vahrmt vaattehn
cold water	kallt vatten	kahlt vaattehn
hot water	hett vatten	het vahttehn
to wash	att twätta	ahtt tvaettah
the comb	kammen	kaarmehn
to comb	att kamma	ahtt kaamma

Fruits, Trees and Flowers.

the oak	eken	ekehn
the beech	boken	boohkehn
the poplar	aspen	ahspehn

English.	Swedish.	Pronunciation.
the lime	linden	leendehn
the ash	asken	ahskehn
the fir	furvan	feurahn
the willow	vide—pil	veedeh-pil
the rose		
the pink		
the tulip		
the lily		
the violet		
the lilac		
the lily of the valley		
the walnut	valnöten	vaalnoettehn
the currant	vinbäret	veenbaereht
the gooseberry	krusbäret	krusbaẽreht
the raspberry	ballonet	hahlooneht
the blackberry	björnbäret	bjoernbaereht
the strawberry	smultrónet	smultroohneht
the apple	äpplet	aeppleht
the apple-tree	äppleträdet	aeppeltraedeht
the pear	päronet	paeroohneht
the pear-tree	päronträdet	paeroohntraedeht
the plum	plommonet	ploohmoopneht
the plum-tree	plommonträdet	ploohmoohntraedeht
the cherry	körsbäret	choersbaereht
the chestnut	kastanjen	kahstahnyen
the peach	persikan	peraickahn
the apricot	aprikosen	ahprikawsehn
the orange	orangen	owrrahnshehn
the lemon	citronen	reetroohnehn
the grape	vindrufvan	veendrewvahn
the nut	nöten	noetehn

Animals, Birds, Fishes and Insects.

the peacock	påfågeln	poafoagehln
the lobster	hùmmern	hummern
the pike	jåddan	lyaeddahn

English.	Swedish.	Pronunciation.
the perch	abboren	ahboren
the salmon	laxen	lahxehn
the pig	grisen	greasehn
the duck	ankan	ahnkahn
the pigeon	dufvan	dewvahn
the cock	tuppen	tuppehn
the chicken	hönan	hoenahn
the wild boar	vild svinet	veeld sveeneht
the stag	hjorten	yoortehn
the chamois	stengeten	stenyettehn
the rabbit	hvaren	haarehn
the eagle	örnen	oernehn
the hawk	höken	hoekehn
the pheasant	bjerpen	yehrpehn
the bat	flädermusen	flaedehrmussehr
the partridge	rapphönan	rahpphoenahn
the horse	hästen	haestehn
the colt	fölet	foeleht
the donkey	åsnan	oasnahn
the goat	geten	yettehn
the dog	hunden	hundehn
the trout	laxöringen	lahxoeringehn
the snake	ormen	oohrmehn
the ant	myran	myrahn
the butterfly	fjärillen	fjerillehn

The Dress.

the clothes	kläderna	klaedernah
the coat	rocken	raacken
the trowsers	byrorna	byroernah
the pocket	fickan	fikahn
the buttons	knapparna	knahppahrnah
the dressing-gown	byrån	byeroen

English.	Swedish.	Pronunciation.
the drawers	tafflorna	toafloorna
the stockings	underkläderna	underkladernah
the shirt	strumporna	stroempoornah
the braces	skjortan	shoortahn
the waistcoat		
the slippers	västen	vaesten
the boot	stöfvlen	stoevlen
the bootjack	stöfvelknekten	stoevelknecktehn
the cap	mössan	moessan
the gloves	handskarna	haanskaarnah
the comb	kammen	kaammehn
the apron	förklädet	foerklaedet
the fan	solfjädern	soolfjaederen
the dress	klädningen	klaedningehn
the petticoat	underkjolen	underchoolen
the stays		
the veil	floret	flooret
the powder	pudret	pudreht
the soap	såpan	soapaan
the tooth-powder	tandpulveret	taandpulvereht
the handkerchief	näsduken	naesdukehn
the watch	klockan	klaukaan
the umbrella	parapylen	pahrapldyehn
the purse	börsen	boersen
the brush	borsten	bohrstehn

Travelling.

the interpreter	tolken	tawlkehn
the luggage	bagaget	baagawget
the trunk	kafferten	kaafferten
the carpetbag	resväskan	resvaespaan
the arrival	ankomsten	aankomstehn
the pass-port	passet	paasseht
the inn (hotel)	härberget	haerbehryet

English.	Swedish.	Pronunciation.
the landlord	vården	vaérden
the waiter	uppassaren	uppaassaaren
the bill	råkningen	raekningehn
the voyage	resan	resahn
the traveler	resanden	resahndehn
the road	vågen	vaengen
the rail-road	järn vågen	yaern-vaegen
the station	stationen	staatcheen
the train	tåget	loaget
the engine	lokomotivet	lokoomootivet
the carriage	vagnen	vaagnen
the departure	afgången	aafgongen

Of Writing.

the seal	sigill	seayill
the sealing-wax		
the wafer	munlack	munlock
the ruler	lenealen	linyahlen
the letter	brefvet	brevet
the note	reversen	reversen
the envelope	kuvertel	kuuvertel
the date	datum	dahtum
the direction	rigtningen	rigtningen
the post	posten	posten
the steel-pen	stål-penan	stole-pennaan
the penknife	penknif	penkneve
the inkstand	bläck-huset	blackhuuset
the ink	skribbläcket	skrifblacket
the pencil	pensel	pensel
the scissors	saxen	saaxen
the paper	paperet	paaperet
the writing-paper	skrif-paperet	skrive paaperet
the writing	skrifningen	skrifvningen
the sheet	arket	aarket
the pen	pennan	pennaan

Countries and Nations.

English.	Swedish.	Pronunciation.
Brazil	Brasilien	Braaseelean
England	England	Aenglaand
the Englishman	Engelsmanen	Aengelsmaannen
Africa	Afrika	Ahfrickah
the East Indies	Ost Indien	Oost Indian
the West Indies	Vest Indien	Vest Indian
the United States	Föreuta Staterna	Foerentaah Stawter-naah
Europe	Europa	Uroopaah
the European	Europeen	Uroopayen
America	America	Ahmericaah
the American	Amerikanaren	Ahmericawnaaren
Asia	Asien	Awseaen
the country	landet	laandet
the native land	fosterlandet	foosterlaandet
the state	staten	staaten
the empire	riket	reeket
the kingdom	konongariket	konongaareeket
Spain	Spanien	spawneeehn
the Spaniard	Spanioren	spahneeoohrehn
Greece	Grekeland	Grehklaand
the Greek	Greken	Grehkehn
Turkey	Turkiet	Turkeyeht
the Turk	Turken	Turkehn
the Jew	Juden	Yudehn
the Persian	Persern	Pehrsern
Russia	Ryssland	Rysslaand
the Russian	Ryssen	Ryssehn
Sweden	Sverige	Svehryeh
the Swede	Svensken	Svehnskehn
Denmark	Danmark	Daanmaark

English.	Swedish.	Pronunciation.
the Dane	Dansken	Daanskehn
Switzerland	Schweitz	Swayts
the Swiss	Schweitzaren	Swaytsaoren
Italy	Italien	eetaleegn
the Italian	Italienaren	Eetaaleeehnahrehn
Ireland	Irland	Eerlaand
the Irishman	Irländaren	eerlaendahren
Scotland	Skotland	Skawtlaand
the Scotchman	Skotten	Skawttehn
France	Frankrike	Frahnkreekeh
the Frenchman	Fransmanen	Frahnsmahnehn
Germany	Tyskland	Teasklaand
the German	Tysken	Teaskehn
Holland	Holland	Hollaánd
the Dutchman	Holländaren	Hollaendaarehn
Austria	Osterrike	Oesterreekeh
the Austrian	österrikaren	Oestarreekahrehn
Prussia	Preusen	Proysehn
the Prussian	Preusaren	Proysaarehn

Commercial Terms.

the merchant	handelsmannen	hahndehlsmahnnehn
the shop	handelsboden	hahndehlsboodehn
the counting-house	kontoret	kuntooreht
the merchandise	handelsvaran	hahndehlsvaarahn
the wholesale merchant	grosshandlaren	granshahndlahrehn
the retailer	minuthandlaren	meenuthahndlahrehn
the correspondent	korrespondenten	korrehspondehntehn
the stock	lagret	laargreht
the acceptance	antagandet	ahntawgahndeht
the payment	betalningen	betawlningehn
the receipt	kvittot	kveetoot

English.	Swedish.	Pronunciation.
the buyer	köparen	choepahrehn
the seller	säljaren	saelyahrehn
the debtor	gäldenären	yaeldehnaerehr
the creditor	fordringsägaren	foordringsaegahrehn
the daybook	dagboken	daagboohkehn
the ledger	hufvudboken	huvudboohkehn
the cash book	kassabok	kahssahboohkehn
the invoice	inventariet	eenvehntaareeeht
the bill of exchange	vexeln	vexehln
the remittance	betalningen	betawlningehn

Cardinal Numbers.

one	en	enn
two	två	tvȯh
three	tre	tre
four	fyra	fyrah
five	fem	fem
six	sex	sex
seven	sju	chue
eight	åtta	otah
nine	nie	neeoh
ten	tio	tioh
eleven	elfva	elvah
twelve	tolf	tolve
thirteen	tretton	trettoon
fourteen	fiorton	fjoortoon
fifteen	femton	femtoon
sixteen	sexton	sextoon
seventeen	sjuton	chutoon
eighteen	åderton	aa-der-toon
nineteen	nitton	nittoon
twenty	tjugo	chuguh
21	ejugo en	chuguh-enn
22	tjugo två	chuguh-tvoh

English.	Swedish.	Pronunciation.
23	tjugo tre	chuguh-tre
30	trettio	tretioh
40	fyrtio	fortioh
50	femtio	femtioh
60	sextio	sextioh
70	sjuttio	chuttioh
80	åttio	oatteoo
90	nittio	nitteaoo
100	ett bundra	et hundraa
101	ett bundra och ett	et hundraa auk it
102	ett hundra och två	et bundra auk tvoa
200	två bundra	tvoa hundraa
300	tre bundra	treh hundraa
400	fyra hundra	fyraa hundraa
500	fem hundra	fehm hundraa
600	sex bundra	sex bundra
700	sju bundra	shu hundraa
800	åtta hundra	oattaa hundraa
900	nio bundra	neeoa hundraa
1000	ett tusen	it tusehn
2000	två tusen	tvoh tusehn
3000	tre tusen	treh tusehn
10000	tio tusen	teaoo tusehn
a million	en miljon	en miljoon
1859	ett tusen åtta hun-dra och femtio nio	it tusehn oattaa hun-draa auk fehm-teaoo neeoo

Ordinal Numbers.

the first	den första	den foerstaa
the 2nd	den 2dra	den andraa
the 3rd	den 3je	den tredgeh
the 4th	den 4de	den fjaerdeh

English.	Swedish.	Pronunciation.
the 5th	den 5te	den fehmteh
the 6th	den 6te	den sexteh
the 7th	den 7de	den shundeh
the 8th	den 8de	den oattoondeh
the 9th	den 9de	den neeoondeh
the 10th	den 10de	den teaoondeh
the 11th	den 11te	den elfteh
the 12th	den 12te	den tawlfteh
the 13th	den 13de	den trettoondeh
the 14th	den 14de	den fjoortoondeh
the 15th	den 15de	den fehmtoondeh
the 16th	den 16de	den sextoondeh
the 17th	den 17de	den shutoondeh
the 18th	den 18de	den aadertoondeh
the 19th	den 19de	den nittoondeh
the 20th	den 20de	chugoondeh
the 21st	den tjugo första	den chuegvoh foerstah
the 22nd	den tjugo andrav	den chuegvoh aandrah
the 23rd	den tjugo tredje	den chuegvoh tredjeh
the 30th	den trettionde	den trettioondeh
the 40th	den fytionde	den fjaertioondeh
the 50th	den femtionde	fehmtioondeh
the 60th	den sextionde	den sextioondeh
the 70th	den sjuttionde	den schutioondeh
the 80th	åttionde	den oattioondeh
the 90th	den nittionde	den pittioondeh
the 100th	den hundradet	den hundraadet
the 101st	den ett bundra första	den ett hundraa foerstaa
the 200th	den två hundradet	den tvoh hundradet
the 300th	den tre hundradet	den treb hundradet
the 1000th	den ett tusendet	den ett tusendet

Collective Numbers.

English.	Swedish.	Pronunciation.
the 1st time	den första gången	den foerstaa goangehn
the 2nd time	den andra gången	den aandrah goangehn
once	en gång	en goang. in gong
twice	två gånger	tvah goangehr
three times	tre gånger	treh goangehr
singly	enkel	enkel
double	dubbel	dubbell
a pair	ett par	ett paar
a dozen	ett dussin	ett dusseen
a score	ett tjog	ett choog
firstly	för det första	foer det foerstaa
secondly	för det andra	foer det aandrah
thirdly	för det tredje	foer det tredjeh
threefold	trefaldig	trefaaldeeg
fourfold	fyrfaldig	fyrfaaldeeg
one sort	en sort	en sort
two sorts	två sorter	tvoh sortehr
ten sorts	tio sorter	teaooh sortehr

Adjectives.

small	små	smoh
narrow	trång	trong
low	låg	lohg
beautiful	skön	schoen
handsome	vacker	vaacker
ugly	ful	fuul
bad	stygg	stygh
easy	lätt	latt
heavy	tungt	toungt

English.	Swedish.	Pronunciation.
soft	mjukt	
true	sant	sahnt
short	kort	kort
far	långt	longt
sweet	sött	soet
hollow	ihålig	eeholig
blunt	slö	
delicious	välsmakande	valsmaakahndeh
disagreeable	obehagligt	oahbehaagligt
honest	ärlig	
polite	artig	aahrtig
obliging	förekommande	foerekomaandeh
kind	snäll	snell
prudent	vis	veese
stupid	dum	dum
ridiculous	löjlig	loeylig
reasonab'?	resonlig	rehsoonlig
happy	lycklig	..cklig
unhappy	olycklig	oolycklig
glad	glad	glad
satisfied	nöjd	noyd
active	verksam	verksaa'
rude	rå	row
proud	stolt	stolt
bold	djerf	yarve
strong	stark	stark
weak	vek	vehk
attentive	uppmärksam	upmarksaa.
clever	klyftig	klyftig
mild	mild	meeld
sick	sjuk	shuke
pale	blek	blekc
healthy	helsosam	helsosahto
poor	fattig	fahtig

English.	Swedish.	Pronunciation.
empty	tom	toome
light	ljust	youst
dark	mörkt	moerkt
dry	tortt	tort
wet	vått	vot
dirty	smutsig	smutsigh
cheap	billig	billigh
clean	ren	rehn
tired	trött	troet
angry	ond	oond
merry	lycklig	lycklig
to weep	att gråta	aht grotah
to recommend	att rekomendera	aht recomanandarah
to receive	att mottaga	aht mootaagah
to send	att sånda	att sandah
to buy	att köpa	aht choepah

Verbs.

English.	Swedish.	Pronunciation.
to promise	att lofva	aht lovah
to expect	att vänta	aht vantah
to converse	att samtala	aht saamtaalah
to express	att uttrycka	aht metryckah
to explain	att förklara	aht foerklaarah
to tell	att berätta	aht beratah
to call	att kalla	aht kaalah
to write	att skrifva	aht skreevah
to read	att lära	aht laesah
to pronounce	att uttala	aht uutaadah
to pronounce well	att uttala väl	aht uutaalah vahl
to translate	att ofversätta	aht oeversatah
to recollect	att komma ihog	aht komah ihoagh
to forget	att glöm ma	aht gloemah
to meet	att mötta	aht moetah
to be tired	att bli tröt'	aht blee troet

English.	Swedish.	Pronunciation.
to be sleepy	att bli sömnig	aht blee soemgreegk
to excuse	att ursäkta	aht uursacktah
to understand	att förstå	aht foerstoh
to believe	att tro	aht trooh
to know	att veta	aht vehtah
to breakfast	att äta frukost	aht attah frukost
to dine	att spisa	aht speesah
to sup	att spisa hvällsmat	aht speesah kvals- matt
to arrive	att anlända	aht aanlandah
to depart	att afresa	aht aavresah
to pay	att betala	aatt betalaa
to order	att beställa	aatt bestaellaa
to furnish	att furnera	aatt furneraa
to sell	att sälja	aatt saeljaa
to reply	att svara	aatt svaraa

Adverbs.

soon	snart	snawrt
till	till	till
seldom	sällan	saellaan
since	sedan	sedaan
ever	alltid	ahllteed
never	aldrig	aaldreeg
oft	ofta	offtaa
so	så	so
thus	alltså	ahlltso
how?	huru	huruw
no	nej	neigh
not	icke	ickeh
but	men	men
enough	nog	noog
scarcely	knappast	knaapaast
yes	ja	yaa

English.	Swedish.	Pronunciation.
indeed	verkligen	verkleegen
truly		
certainly	visserligen	visserleegen
surely	säkerligen	sackerleegen
only	endast	endaast
all	alt	ahlt
almost	nåstan	naestaan
here	hår	hair
there	dår	dare
where	hvar	vaar
in	in	in
out	ut	uut
then	då	doe
now	nu	nuuh
some	någon	noagon
nothing	ingen ting	eengehn teeng
much	mycket	mycket
quite	alldeles	aalldeless
very	verklig	verkleeg
already	redan	redahn
to-day	idag	eedaag
yesterday	igår	eegoar
late	sent	sent
why?	hvarför	vawrfoer
because	emedan	emedahn
if	om	awm
perhaps	kanske	kaansheh

Prepositions.

above	ofvan	oavahn
about	omkring	awmkring
after	efter	ehfter
against	emot	emoot
before	före	foere

English.	Swedish.	Pronunciation.
of	af	awf
over	öfver	oever
sinc	sedan	sedaan
for	för	foer
from	från	froan
in	in	een
near	nåra	naerah
under	under	under
up	upp	upp
with	med	mehd

Conjunctions.

and	och	auk
also	också	auksoa
even	åfven	aevehn
or	eller	eller
nor	ej heller	ij heller
yet	ånnu	aennu
because	alldenstund	aaldenstund
that	det	det
therefore	därför	daerfoer

Affirmative Phrases.

I give it	jag ger det	Yaag yare det
I give it to you	jag gaf det till eder	yaag scaall yeevaa det ote chder
I wil give it to you	jag skall gifva det åt eder	yaag skaall yeevaa det ote eder
I know it	Jag vet det	Yaag veht det
I know it well	jag vet det vål	yaag veht detvale
I know him	jag kånner honom	yaag chaner hoonom
I know it positively	jag vet det bestämdt	Yaag veht det bestamt
I promise it	jag lofvar det	yaag lovaar det

English.	Swedish.	Pronunciation.
I promise it to you	jag lofvar er det	yaag lovaar ehr det
You are wrong	Ni har tagit fel	Ne haar taagit fehl
He is wrong	han har tagit fel	haan haar taagit fehl
I believe him	jag tror honom	Yaag troor hoonom
very well	mycket väl	mycket vale
You are right	Ni har rätt	nee haar rat
you are quite right	ni har mycket rätt	Nee haar mycket rat
it is true	det är sant	det arh saant
it is so	det är så	det arh so
I believe it	jag tror det	yaag tror det
I think so	jag tänker det	Yag tanker det
I say yes	jag säger ja	yaag sager yaah
I say it is	jag säger det är	yaah sager det arh
I am certain	jag äs viss	yaag arh viss
I am certain of it	jag är viss på det	yaag arh viss poh det

Negative Phrases

Has he said nothing	har han icke sagt något?	haar haan icke saakt nogoot?
I did not hear	jag hörde icke	yaag hoerdeh ickeh
I have not heard it	jag har icke hört det	yaag haar ickeh hoert det
You are quite wrong	Ni har tagit fel	nee haar taagit fehl
He has it not	han har det icke	haan haar det ickeh
We have it not	vi ha det icke	vee haa det ickeh
You have it not	ni har det icke	nee haar det ickeh
He said no	han sade nej	haan saade nye
has he said no	har han sagt nej?	haan haar saakt nye
It is not so	det är icke så	det ahr ickeh so
It is not true	det är icke sant	det ahr ickeh saant
I say nothing	jag säger ingenting	yaag sager ingenting
I will say nothing	jag skall icke säga något	yaag kaall ickeh sa nogoot

English.	Swedish.	Pronunciation.
I have nothing	jag har ingenting	yaag haar ingenting
he is not here	han är icke här	haan ahr ickeh hare
I have it not	jag har det icke	yaag haar det ickeh
no	nej	nye
I say no	jag säger nej	yaag sager nye
I say it is not.	jag säger det är icke	yaag sager det är ickeh

Interrogative Phrases.

Who?	hvem?	vem
who was it?	hvem var det?	vawr err det
what is it?	hvad är det?	vaad arr det
who is it?	hvem är det?	vem arh det
did you say it?	sade ni det?	
what are you doing?	hvad gör ni?	vaad yaer nee
what is he doing?	hvad gör han?	vaad yoer haan
tell me	säg mig	sagh meeg
will you tell me?	vill ni säga mig?	vill nee sagah meeg
how are you?	huru mår ni?	huruh mar nee
where were you?	hvar var du?	vahr vaar due
what?	hvad?	vaad
what is it?	hvad är det	vaad err dett
what is that?	hvad är detta?	vaad err dettaa
what time is it?	hvad tid ar det?	vaad teed err dett
what o'clock is it?	hvad är klockan?	vaad err klaukaan
where?	hvar?	vawr
where is it?	hvar är det?	vawr vawr err det
where is he?	hvar är han?	vawr err hahn
where is she?	hvar är hon?	vawr err hoon
where are you?	hvar är du?	vawr err due
where are you going	hvart går du?	vawr goar due
where do you come from?	hvar kom du från	vawr kom due froan
What have you?	hvad har du?	vawd haar due
what do you say?	hvad säger du?	yawd saeger due

English.	Swedish.	Pronunciation.
what did you say?	hvad sade du?	vawd sawdeh due
What do you mean?	hvad menar du?	vawd menaar due
what do you want?	hvad vill du?	vawd vill due
what will you do?	hvad vill du göra?	vawd vill due goeraa
why do you speak?	hvarför, språkardu?	vawrfoer sproakaar due
why are you silent?	hvarför är du så tyst?	vawrfoer froagaar due tyst
why did you go?	hwarför gick du?	vawrfoer jik due
is it ready?	är det färdigt	aer det faerdeeg
have you heard?	har du hört?	haar due haert
do you hear?	hör du?	hoer due
how is he?	hur är han?	hur aer haan
what for?	hvad för?	vawd foer
why?	hvarför?	vawrfoer
why do you ask?	hvarför frågar du?	vawrfoer froagaar du
why shall I go?	hvarför skall jag gå?	vawrfoer skaall jawg goa

Imperative Phrases.

Come away!	kom iväg, kom bort	kom evaeg, kom boort
Come here!	kom hit	kom heat
Go there!	Gå dår	goa daer
Fetch	hämta	haemtaa
fetch it	hämta det	haemtaa dett
bring it	bring det	bring dett
bring it to me	bring det till mig	bring dett till meeg
let it be	låt det vara	loat dett varah
let me have it	låt mig få det	loat meeg foa det
be quiet	var tyst	var tyst
go	gå	go
go to him	gå till honom	goa till hoonam
go to bed	gå till sångs	goa till saengs
speak	tala	taalah

English.	Swedish.	Pronunciation.
eat	ät	aet
drink	drick	drik
hear	hör	hoer
hear me	hör mig	hoer meeg
Look at me	se på mig	seh poa meeg
look at him	se på honom	seh poa hoonaum
begin	börja	boergaa
continue	fortsätt	fortsaett
stop	stanna	staanrah
tell me	säg mig	saeg meeg
tell it him	säg honom	saeg hoonam
speak to me	tala till mig	taalah tillmeeg
speak to him	tala till honom	taalah till hoonam
come back!	kom tillbaka	kawm tillbaakah
go on	fortsätt	foortsaett
Sit down	sitt ned	sitt ned, seet ned
stand still	stå still	stoa still
wait	vånta	vaentah
wait for me	vånta på mig	vaentah poa meeg
wait a little	vånta litet	vaentah leetet
make haste	skynda	shyndah
Be quick	var kvick	vawr kvik
Follow me	följ mig	faelj meeg
follow him	följ honom	foelj hoonawm
tell him	säg honom	saeg hoonaum
call him	kalla honom	kaalah hoonawm

Easy Expressions.

Yes, sir	ja, min herre	yaa min herreh
yes, madam	ja, madam	yaa maadaam
no, sir	nej, min herre	nye, min berreh
no, madam	nej, madam	nye maadaam
no, miss	nej, fröken	nye froeken

English.	Swedish.	Pronunciation.
I am not a French-man	jag är icke en Frans-man	yaag arh ickeh en fraansmaan
do you understand?	förstår du?	foerstohr duu
Can you understand?	kan du förstå?	kaan due foerstoh
Speak slower, more slowly	tala saktare, mera sakta	taala saaktah, merah saaktah
You speak too fast	ni talar för fort	nee taalahr foer foort
I speak English	jag talar engelska	yaag taalahr angelskah
I am an Englishman	jag är en engelsman	yaag arh en angels-maan
I speak French a little	jag talar litet franska	yaag taalahr litel fraanskah
I do not speak Ger-man	jag talar icke tyska	yaag taalahr ickeh tyskah
I speak it a little	jag talar det litet	yaag taalahr det leetet
I understand	jag förstår	yaag foerstohr
I understand it, but	jag förstår det men	yaag faerstohr detmen
I do not speak it	jag talar det icke	yaag taalahr det ickeh
Do you spea'		
German?	talar ni tyska?	taalahr nee tyskah
English?	Engelska?	angelskah
or French?	eller Franska?	eller Fraanskah
tell me	säg mig	sagh meeg
if you please	m ni vill vara så snäll	om nee vill vaarah so snell
have the goodness	haf godheten	haave good hehten
Give me	gif mig	yeev meeg
some bread	litet bröd	leeteht broed .
some butter	litet smör	leeteht smoer
some water	litet vatten	leeteht vaattehn
some tea	litet the	leeteht tae
some wine	litet vin	leeteht veen
some meat	litet kött	leeteht choet.
something	något	noagawt

English.	Swedish.	Pronunciation.
to eat	att äta	ahtt aettah
to drink	att dricka	ahtt dreekaa
Bring me	bringa mig	bringah meeg
some coffee	litet kaffe	leeteht kahffeh
some milk	litet mjölk	leeteht mjoelke
some cheese	litet ost	leetht oohst
I thank you	tack skall ni ha	takk skahll nee haw

Meeting.

Pretty well	ganska bra	gahnskaa braw
tolerably	drägligt	praegligt
how is your father?	huru mår eder fader?	hurooh foar edehr fahdehr
how is your mother?	huru mår eder moder?	hurooh moar ' eehr moohdehr
good morning	god morgon	goohd mowrgoohn
good day	goddag	goohdaag
good afternoon	godafton	goohdahftoon
how do you do?	hulru står det till?	buruh staar det till
how are you?	huru mår ni?	huhur moar nee
very well	myeket bra	mykeht braa
I am very well	jag mår myeket bra	yaag moar mykeht braa
I am not well	jag mår icke bra	yaag moar ikeh braa
I am unwell	jag är dålig	yaag aer doalig
she is not well	hon mår icke bra	hoon moar ikeh braa
he is not well	han mår icke bra	hahn moar ikeh braa
se is ill	hon är illamående	hoon aer illah-moaehmdeh
he is very ill	han är myeket illa-mående	hahn aer mykeht il-lahmoaehndeh
she has a cold	hon har förkyhning	hoon haar foerchyl-ning
I have the toothache	jag har tandvärk	yaag haar tahndyehrk

English.	Swedish.	Pronunciation.
good bye	adjö	adyoeh
farewell	farväl	faarvale
I wish you a good morning	jag önskar dig god morgon	yaag aenskar deeg goodh morgoon
I must go	jag måste gå	yaag mosteh go
I am going now	jag går nu	yaag gone nuuh
it is time to go	det är tid att gå	det arh taed aht go
good evening	godafton	goodhaafton
good night	godnatt	goodhnaat
I wish you good night	jag önsker er godnatt	yaag oenskar ehr goodhnaat
My compliments home	min komplimang hemma	min komplimaang hemmah

A Visit.

There is a knock	någon knackar på	nagooh kenocker poh
it is Mr. A.	det är hr A.	det arh herrh A.
it is Mrs. B.	det är fru B.	det arh fruh B.
I am glad to see you	jag är glad att se eder	yaag arh glaud aht seh ehder
I think not	jag tänker icke det	yaag tanker ickeh det
who told you?	hvem sade eder det	vem saade ehder det
pray be seated	var så god och sitt ned	vaar so good ock sit nedh
what news is there?	hvad nytt?	vaad nyt
good news	goda nyheter	goodah nyheter
do you believe it?	tror du det	troor duu det
I don't believe a word of it	jag tror icke ett ord af det	yaag troor ickeh et oord of det
I think so	jag tänker det	yaag tauker det
it is true	det är sant	det arh sehnt
it is not true	det är icke sant	det arh ickeh saant
I doubt it	jag betviflar det	yaag betvivlahr det

English.	Swedish.	Pronunciation.
have you heard from home?	har du hört från hemmet?	haar duu hoert from hemet
cannot stay	jag kan icke stanna	yaag kaan ickeh staanah
must go	jag måte gå	yaag mosteh go
You are in a great hurry	ni har mycket brådt	nee haar mycket bruat
I have a great deal to do	jag har mycket att göra	yaag haar mycket aht goerah
The postman brought me a letter today	Postmannen brakte mig ett bref i dag	postmaanen braakteh meeg et brev ee daag
Sad news	ledsamma nyheter	lehdsaamah nyheter
Will you dine with us?	vill ni spisa med oss?	vill nee speeshah maed us
No, thank you	nej, tack	nye, track

Expressions of Joy.

Indeed	verkligt!	vaerkligt
it is impossible	det är omögligt	det arh oomoeyligt
that cannot be	det kan icke vara så	det kaan ickeh vaarah so
I am astonished at it	jag förvånar mig ötver dit	yaag foerwohnar meeg oever det
you surprise me	ni öfverraskar mig	nee oeverraaskar meeg
it is incredible	det är otroligt	det arh ootrooligt
what!	bvad!	vaad
is it possible	är det möjligt!	arh det moeyligt
can it be!	kan det vara!	kaan det vaarah
how can it be possible!	huru kan det vara möjligt!	huruh kaan det varah maeyligt
who would have believed it?	hvem skulle hafva trott det!	vem skullah haavah troet det

Sorrow and Joy.

English.	Swedish.	Pronunciation.
I am sorry	jag är ledsen	yaag arh laedsen
I am very sorry	jag är mycket ledsen	yaag arh mycket laedsen
what a pity	hvilken skada	villken skaadah
I am very glad	jar är mycket glad	yaag arh mycket glaade
It gives me pleasure	det ger mig nöje	det yaer meeg noeyeh
It gives me great joy	det ger mig mycken glädje	det yaer meeg mycken gladeyeh
I am happy	jag är lycklig	yaag ash lysklig
how happy I am	så lycklig jag är	so lycklig yaag arh
I wish you joy	jag önskar eder glädje	yaag aenskar aeder gladeysh
I congratulate you	jag gratulerar eder	yaag graatulerar
it is a great pity	det är en stor skada	det arh en stoore skaadah
it is a sad thing	det är en sorglig sak	det arh en soryuhlig saake
it is a misfortune	det är en olycka	det arh en oolyckah
It is a great misfortune	det är en stor olyeka	det arh en stoore oolyckah
I am glad	jag är glad	yaag arh glaade
I am glad of it	jag är glad öfver det	yaag arh glaade oever det

Anger and Blame.

You are wrong	Ni har tagit fel	nee haar taagit fehl
You are right	Ni har rätt	nee haar raett
Why don't you do it?	hvarför gör Ni det icke	vaarfoer yoer nee det ickeh
I am angry	jag är ond	yaag arh oond
He is angry	han är ond	haan arh oond

English.	Swedish.	Pronunciation.
He is very angry	han är inycket ond	haan arh inycket oond
Don't be angry	var icke ond	vaar ickeh oond
be quiet	var tyst	vaar tysst
what a shame!	hvilken skam!	veelken skaamm
how could you do it?	huru kunde ni göra det?	huruh kundeh nee yoerah det
I am ashamed of you	jag skäms för er	yaag schaems foer erh
you are very much to blame	ni är mycket klander-vård	nee arh mycket klaan-dervard
don't answer	svara icke	svaarah ickeh
be patient	var tålig	vaar tohlig
I will improve	jag skall bli bättre	yaag skall blee batreh
how old are you?	huru gammal är ni?	huruh gaamahl arh nee?
I am twenty	jag är tjugu	yaag arh chuguh
I shall soon be thirty	jag blir snart trettio	yaag bleer snaart tra-tish
he looks older	han ser äldre ut	haan serh aldreh uut
she is younger	hon är yngre	hoon arh yngreh
she cannot be so young	hon kan icke vara så ung	hoon kaan ickeh vaa-rah so uung
he must be older	han måste vara äldre	haan mosteh vaarah aldreh
I did not think you were so old	jag tänkte icke att ni var så gammal	yaag tankteh ickeh aht nee vaar so gaamal
he is at least sixty	han är minst sextio	haan arh minst sex-tioh
she must be forty	hon måste vara fy-ratio	hoom mosteh vaarah fyrtioh
how old is your father	huru gammal är eder fader	huruh gaamal arh eder fader

English.	Swedish.	Pronunciation.
He is nearly eighty	han är nåra åttatio	hoon arh narah otah-tioh
is he so old?	är han så gammal	arh haan so gaamal
how old is your sister	huru gammal är eder syster	huruh·gaamal arh ehder syster
she is fifteen	hon är femton	hoon arh femton
is she so young	är hon så ung	arh hoon so gaamal
how old is your aunt	huru gammal är eder farmader	buruh gaamal arh eder faarmooder
she is nearly ninety	han är nåra nittio	hoon arh narah nitioh
it is a great age	det är en hög ålder	det arh en hoeg older
he begins to grow old	han börjar åldras	hoon boeryar oldrash

To Ask Questions.

what do you call that	hvad kallar ni det	vaad kaalahr nee det
what is that in German	hvad är det på tyska	vaad arh det poh-tyskah
what do you call that in English	hvad kallar ni det på Engelska	vaad kaalahr nee· det poh Angalskah
what does that mean	hvad menas därmed	vaad mahnaas darmahd ·
what is it good for	hvad duger det till	vaad duuger det till
I know him by name	jag känner honom till namnet	yaag chaner hoonoom till naamnet
I know him well	jag känner honom väl	yaag chaner hoonom vale
you speak German, I suppose	ni talar Tyska, antager jag	nee taal aar Tyskah. aantaager yaag
very little, sir	mycket litel, min herre	mycket leetel, min harreh
don you know me	känner ni mig	chaner nee meeg
do you know Mr. H.	känner ni hr H.	chaner nee harrh H.
I know him	jag känner honom	yaag chaner hoonoom

English.	Swedish.	Pronunciation.
I do not know him	jag känner honom icke	yaag chaner hoonc..n ickeh
I know you	jag känner eder	yaag chaner ekder
I know him by sight	jag känner honom till utseendet	yaag chaner hoonoom till uutsayandet
what is that	hvad är det	vaad arh det
answer	svara	svaarah
why don't you answer	hvarför svarar du icke	vaarfoer svaarar duu ickeh
what do you mean	hvad menar du	vaad melmahr duu
what do you mean by that	hvad menar du med det	vaad mahnahr duu made det
what do you say	hvad säger du	vaad sager duu
do you hear	hör du	hoer duu
do you hear me	hör du mig	hoer duu meeg
I don't speak to you	jag talar icke till dig	yaag taalar ickeh till deeg
do you understand me	förstår du mig	foerstohr duu meeg
listen	lyssna	lysnah
come here	kom hit	kome heet
it is good for nothing	det är odugligt	det arh ooduug ligt
is it good?	är det godt	arh det goadt
is it bad?	är det dångt	arh det doaligt
is it eatable?	duger det att äta	duuger det aht aetah
is it drinkable?	duger det att dricka	dunger det aht drickah
is it nice?	är det vackert	arh det vaackert
is it fresh?	är det färskt	arh det faerskt

Morning.

what o'clock is it?	hvad är klockan	vaad arh kloackan
it is nearly eight	det är nära åtta	det arh naerah ohtah
light the fire	gör eld	yoer eld
light a candle	tänd ett ljus	taud et yuse
I am going to get up	jag skall stiga upp	yaag skaall steegah up

English.	Swedish.	Pronunciation.
get me some hot water	hämta mig litet hett vatten	haemtah meeg leetet het vaatten
some cold water	litet kallt vatten	leetet kaalt vaatter
some spring water	litet källvatten	leetet challvaatten
make haste	skynda	schyndah
there is no towel	dår är ingen handduk	dare arh ingen hand-duke
bring me some soap	hämta litet tvål	haemtah meeg leetet tvohl
an early morning	en tidig morgon	en teedig borgoon
early	tidigt	teedigt
it is a fine morning	det är envacker morgon	det arh en vaacker morgoon
I want to wash myself	jag öuskar tvätta mig	yaag oenskar tvattah meeg
how have you slept?	huru har ni sofvit	buruh haar nee soveit
did you sleep well	har ni sofvit godt	haar nee soveit goadt
very well, thank you	tack, mycket godt	taack, mycket goadt
not very well	icke så godt	ikeh soa gawdt
I could not sleep	jag kunde icke sofva	yaag kundeh ikeh sowva
I was so tired from traveling	jag var så trött från resan	yaag vaar soa troett froan resahn

Breakfast.

English.	Swedish.	Pronunciation.
give me the salt	gif mig saltet	yeev meeg sahlteht
pass me the butter	råck mig smöret	raek meeg smoercht
this is fresh butter	detta är färskt smör	dettah aer faerskt smoer
this butter is not fresh	detta smöret är icke färskt	dettah smoercht aer ikeh faerskt
does the water boil	kokar vattnet	kookahr vahttneht
this water has not boiled	detta vattnet har icke kokat	dettah vahttneht haar ikeh kookaht

English.	Swedish.	Pronunciation.
is the tea made	är theat fårdigt	aer taet foerdeagt
give me a cup of tea	gif mig en kopp the	yeev meeg in kawp tae
a cup of coffee	en kopp kaffee	in kowp kahffeh
a roll	en. bulle	in bulleh
do you drink tea or coffee	dricker ni the eller kaffee	crikehr nee tae ehller kahffeh
this cream is sour	denna grådden år sur	dennah graeddehn aer sur
will you take an egg	önskar ni ett ägg	oenskahr nee it aegg
these eggs are hard	dessa ägg åro hårda	dessah aegg aerooh hoardah
breakfast is ready	frukosten år fårdig	frukostehn aer foerdeeg
is breakfast ready	år frukosten fårdig	aer frukostehn faerdeeg
come to breakfast	kom till frukost	kawm till frukohst
let us breakfast	låt oss spisa frukost	loat awss speesah frukohst
we have finished breakfast	vi ha spisat frukost	vee haah speesaat frukost
you can take away the things	ni kan taga bort sakerna	nee kaan taagah bort saakermah
chocolate	choklad	choklaade
a knife	en knif	en keneeve
a fork	en gaffel	en gaaffel
the knife is blunt	knifen år slö	keneeven arh sloeh
take some more sugar	tag litet mera soeker	taag leetet marah soaeker
cold meat	kallt kött	kaallt schoet
the tablecloth	bordsduken	boordsdukean
the sugar bowl	soekerskålen	soaekerskoalen
bring some more butter	bringa mig litet mera smör	bringah meeg leetet mehrab smoer
give me a spoon	gif mig en sked	geeve meeg en scaede

English.	Swedish.	Pronunciation.
is the coffee strong enough	är kaffet starkt nog	arh koffett staarkt noog
we want more cups	vi öuska flera koppar	vee oenskah flerah koapar

Ordering Dinner.

have you ordered dinner	har ni beställt middag	haar nee bestaellt middaag
I will order dinner	jag skall beställa middag	yaag skaall bestaellah middaag
show me the bill of fare	visa mig matsedln	veesah meeg maatsschdeln
waiter	uppassare	uppaassaareh
what soup will you have	hvad slags soppa önskar ni	vaad slaags suppah oenskar nee
beef soup	köttsoppa	choettsuppah
rice soup	risgrynsoppa	reesgryhnssuppah
maccarini soup	makaroni soppa	maakaroonie suppah
have you any roast beef	har ni något rostbiff	haar nee negoot roast biffe
what time will you dine	hvad tid vill ni spisa	vaad teed vill nee speesah
we shall dine at six o'clock	vi skola spisa klockan sex	vee skoolah speesah klaukaan sex
be punctual	var punktlig	var punktleeg
roast mutton	stekt fårkött	stekt foarchoett
capersauce	kaprissås	kahprees saase
what wine will you have	hvad slags vin önskar ni	vaad slaags veen oenskahr nee
let us see	låt oss se	loat us seh
have you good wines	har ni goda viner	haar nee goohda veener
here is the wine list	här är vinlistan	haer aer veenlistahn
not today	icke i dag	ikeh ee daag

English.	Swedish.	Pronunciation.
we have very fine fish	vi ha mycket fin fisk	vee ha mykeht feen fisk
trout	lax	lahx
fried pike	':t jädda	stekt yaeddah

Dinner.

English	Swedish	Pronunciation
do you take pepper	vill ni ha peppar	vill nee ha peppahr
cayenne pepper	rödpeppar	roedpeppahr
yes, if you please	ja, med förlof	ya, med foerlov
willingly	villigt	villigt
help yourself	var så god	var soa goohd
it is excellent	det är utmärkt	det aer utmaerkt
I like German cookery	jag tycker om tysk matlagning	yaag tycker om tysk mawtlawgning
I do not like foreign cookery	jag tycker icke om utländsk matlagning	yaag tykehr ikeh aum utlaendsk mawtlawgning
to what shall I help you	hvad behagas	vaad behagahs
will you take some soup	öuskar ni litet soppa	oenskahr nee leetet souppah
no, thank you	nej, tack	nye, tabck
you do not eat	ni äter icke	nee aetter ickeh
are you thirsty	är ni törstig	aer nee toersteeg
I am very thirsty	jag är mycket törstig	yaag aer mykeht toersteeg
I am dying of thirst	jag dör af törst	yaag doer aav toerst
take a glass of wine	tag ett glas vin	taag it glaas veen
bring me a glass of water	bringa mig ett glas vatten	bringah meeg it glaas vahttehn
give me something to drink	gif mig något att dricka	yeeve meeg noagawt ahtt drikah
I want some beer	jag önskar litet öl	yaag oenskahr leetet oel

English.	Swedish.	Pronunciation.
ale or	öl eller	oel ehller
po..er	porter	porter
Bavarian be '	Bäjerskt öl	Baeyrskt oel
the corkscrew	korkskrufven	corkskrewvehn
I want half a bottle of hock	jag önskar en half a rehmst vin	yaag oenskahr en haal-rah rhenskt veen
champagne	champagne	chàmpagne
claret	rödt franskt vin	roedtt frahnskt veen
port	portvin	poohrtveen
I want a spoon	jag önskar en sked	yaag oenskahr en schade
are you hungry	är ni hungrig	aer nee hungreeg
not very	icke mycket	ikeh mykeht
I am hungry	jag är hungrig	yaag aer hungreeg
I am very hungry	jag är mycket hungrig	yaag aer mykeht hungreeg
change the plates	byt am tallrikar	byt awm eahllrikahr
give me a clean knife and fork	gif mig en ren knif och gaffel	yeeve meeg en rehn kneev auk gahffehl
here is spinach	här är spinnat	haer aer speennaat
peas	ärter	aerter
cauliflower	blomkål	bloomkoal
artichokes	artichoker	ahrtichaukehr
potatoes	potatis	potaatees
give me the mustard	gif mig senapen	yeev meeg senapehn
sherry	keresvin	sherry veen
your health	skål	skoal
the wine is good	vinet är godt	veenet arh goadt
I like hock	jag tycker om rhenskt vin	yaag tycker om rhenskt veen
it is cooling	det är kylande	det arh schylaandeh
I have dined well	jag har haft ut ut-märkt mål	yaag haar haaft et uutmerkt moal
make haste	skynda	schyndah

English.	Swedish.	Pronunciation.
this is excellent tea	detta är utmärkt the	dettah arh uutmerkt tae
is it green tea	det är grönt the	det arh groent tae
will you take some cake	önskar ni något tårta	oenskar nee nogoot toartah
a small piece	ett litet stycke	et leetet styckeh
make more toast	laga flera skorpor	laagah flerah skorpoor
a slice of bread and butter	en skifva bröd oeh smör	en scheevah broed ock smoer
hand the plate	räck mig tallriken	rack meeg taalrickean
the tea is very strong	the et är mycket starkt	taest arh mycket staarkt
it is very weak	det å mycket svagt	det arh mycket svaagt
where are the sugar-tongs	hvar är sockertången	vaar arh socker tongen
ring, if you please	ring, så är ni snäll	ring so arh nee snael
they are waiting for you	de vänta på eder	de vantah por aeder
I am coming	jag kommer	yaag komer
bring a saucer	tag hit ett thefat	taag heet et taefaat
pour out the tea	slå upp theet	slaw up taet
let us drink tea	låt oss dricka the	loat us drickah tae
the tea tray	kvällsmaten är färdig	kvalsmaaten arh fardig
it is the best tea	det är det bästa theet	det arh det bastah täet
Russian caravan tea	Ryskt karavan the	ryskt kaaravan tae
the tea-try	the-brickan	tae-brickahn
a set of tea-things .	en the service	en tae serveese
have you finished	har ni slutat	nee haar sluutaht
take another cup	tag en kop till	taag en kup till
no, thank you	nej, tack	nye, taack
brown bread	brunt bröd	bruunt broed

English.	Swedish.	Pronunciation.
white bread	hvitt bröd	vit broed
stale bread	gammalt bröd	gaamalt broed
new bread	nytt bröd	nyt broed
biscuit	bisquit	biskvit

Evening.

not at all	icke alls	ickeh als
not much	icke mycket	ickeh mycket
it is only ten	det är endast tio	det arh endaast tiooh
it is time to go to bed	det är tid att gå till bädd	det arh teed aht go till bed
it is a fine evening	det är en vacker afton	det arh en vaacker aafton
it is moonlight	det är månljust	det arh moanyuust
is my room ready	är mitt rum i ordning	arh mit rum ee ordning
go and see	gå och se	go och seh
sheets	lakan	laakan
a blanket	ett täcke	et tackeh
good night	god natt	good naat
I wish you good night	jag önskar er godnatt	yaag oenskar arh goodnat
I am sleepy	jag är sömnig	yaag arh soemnig
are you sleepy	är ni sömnig	arh nee soemnig
it is late	det är sent	det arh sehnt
it is not late	det är icke sent	det arh ickeh sehnt
what o'clock is it	hvad tid är det	
it is still early	det är ännu tidigt	det arh annuh teedigt
are you tired	är ni trätt	arh nee troet

The Watch.

my watch is too fast	min klocka är för fort	min kloackah arh foer foort
it is too slow	den är för sakta	den arh foer saaktah

English.	Swedish.	Pronunciation.
it is five minutes too slow	den är fem minuter för sent	den arh fem minuuter foer scent
it goes right (it is)	den går rått	den gore rat
one o'clock	klockan ett	kloackan et
what o'clock is it	hvad tid är det	vaad teed arh det
my watch has stopped	min klocka har stannat	min kloackah haar staanat
it does not go	den går icke	den gore ickeh
I forgot to wind it up	jag glömde att dra upp den	yaag gloemdeh aht draa up den
five minutes past two	fem minuter åfter två	fem minuuter after toob
a quarter past three	en kvart åfter tre	en kvaart treh
half past four	half fem	haalv fem
a quarter to five	en kvart fōrè fem	en kvaart foereh fem
just six o'clock	just klockan sex	yust kloackän sex
twenty minutes to seven	tjugu minuter till sju	chuguh minuuter till schuh
it has just struck eight	den har just nu slagit åtta	den haar yust nuu slaagit ohtah
noon	middag	middaag
midnight	midnatt	midnaat
the clock is striking	klockau slår	kloackan slore

Walking.

where shall we go	hvart skola vi gå	vaart skoolah vee go
on the road	på vägen	poh vaegen
there is a good deal of dust	dår är mycket dam	dare arh mycket daamm
shall we take a walk	skola vi taga en spatsertur	skoolah vee taagah en spaatseretuur
yes, let us walk	ja, låt oss gå	vaa, loat us go

English.	Swedish.	Pronunciation.
let us take a walk into the town	låt oss taga en spatsertur in i staden	loat us taagah en spaatsertuur in ee staaden
what street is this	hvad gata är detta	vaad gaatah arh dettah
where does it lead to	hvart går den	vaart gore den
a fine street	en vacker gata	envaacker gaatah
into the fields	in på fälten	in poh faelten
they are reaping	de hålla på att skörda	de hollah poh ah scoerda
they are making hay	de hålla på att bärga hö	de hallah poh aht baryah hoeh
what a pleasant odor	hvilken behaglig lukt	vilken behaaglig lukt
handsome shops	präktiga butiker	pracktigah buteeker
bad pavement	dålig stenläggning	doalig stehnlagning
look at the soldiers	se på soldaterna	seh poh sooldaaternah
are these Prussian soldiers	äro de Preusiska soldater	arooh de Preusiskah sooldaater
where is King street	hvar är Kungs gatan	vaar arh Kungs gaatan
straight before you	rätt framför er	rat fraomfoer erh
to the left hand	till vänster	till venster
to the right hand	till höger	till hoeger
is the village far from here	är byn långt harifrån	arh byhn longt hareifron
about a mile	omkring en mil	omkring en meel
a good hour	en god timme	en good timmeh
hardly a mile	icke fullt en m''	ickeh fullt en meel
half a mile	en half mil	en haallve meel
there it is	där är den	der arh den
let us go in	låt oss gå in	loat us go in
which is the way to	hvilken är vägen till	veelken arh vaegen till

To Inquire for a Person.

English.	Swedish.	Pronunciation.
where	hvar? första	vaar
on the first floor	i våningen	ee foertah vohningen
on the second floor	i andra våningen	ee aandrah vohningen
I know him	jag känner honom	yaag channer hoonom
intimately	mycket väl	mycket vale
I am very intimate with him	jag är en mycket intim vän till honom	yaag arh en mycket inteem van til hoonom
do you know Mr. F.	känner ni hr F.?	channer nee herrh F.
I do not know anybody of that name.	jag känner ingen med det namnet	yaag channer ingen ned det naamnet
does he live here	bor han här?	boor haan hare
he lives in this house	han bor i detta buset	haan boor ee dettah huuset
he is my friend	han är min vän	haan arh min van
I have known him a long time	jag har kändt honom en lång tid	yaag haar chant hoonom en long teed
where does he live	hvar bor han?	vaar boor haan
he lives in Broadway No. 3	han bor i Broadway No. 3	haan boor ee Broadway nummer treh
when is he at home	når är han hemma?	nare ahr haan hemmah
in the morning	på morgonen	poh morgoonen
in the evening	på aftonen	poh aaftoonen
you will find him at home at 2 o'clock	ni finner honom hemma klockan två	nee finner hoonom hemmah klockau tvoh
he lives close by	han bor nära här	haan boor narah hare
a step or two from here	ett steg eller två härifrån	ett stegh eller tvoh hareifron
is it far	är det långt	arh det langt
can you direct me to his house	kan ni visa mig till hans hus?	kaan ne visah meeg till haans huuse

English.	Swedish.	Pronunciation.
I will show you where he lives	jag skall visa er hvar han bor	yaag skaall visah erh vaar haan boor
this is the market	detta är torget	dettah arh gaatan
this is the street	detta är gatan	dettah arh faatan
the square	torget	toryet
this is the house	detta är buset	dettah arh huuset
here he lives	hår bor han	hare boor haan

Travelling.

Drive me to the railway station	skjusta mig till jernvägsstationen	schutsah meeg till yarnvags-staatsch-ooneen
you are late	ni är sent	nee arh sehnt
plenty of time	god tid	good teed
I shall go tomorrow	jag skall resa i morgon	yaag skall resah ee morgoon
Have you made all your preparations?	har ni gjort alla för beredelser?	haar nee yoort allah foerberedelser
everything is ready	allting är fårdigt	aalting arh faerdickt
I shall go by railway to Dover	jag skall resa med jernvåg till Dover	yaag skaall resah med yarnvag till Dover
From Dover by steamer to Ostend	från Dover med ångbåt till Ostend	from Dover med ongboat till Ostend
then by railway to Cologne	sedan med jarnvåg till Kölen	sedaan med. yarnvag till schoeln
have you a passport?	har ni ett respass?	haar me et reshpaass
do not forget the passport	glöm ej respasset	gloem ej rehspaasset
it is the thing you want most	det är den sak ni mest behötver	det arh den saak nee mest behoever
I ride in the omnibus	jag åker i omnibussen	yaag oker ee omnibussen
fetch a cab	skaffa mig en dråska	skaffah meeg en droskah

English.	Swedish.	Pronunciation.
are you going to Germany?	skall ni resa till tyskland?	skaall nee resah till Tyskland
I intend to go to the Rhine	jag ämnar resa till Rhen	yaag amnaar resah till Rhen
when do you think of going?	när tänker ni resa?	nare tanker nee resah
how long shall you stay?	huru länge skall ni stamma?	huruh langsh skaall nee staanah
about a month	omkring en månad	omkring en monaad
Do not be in a hurry	hasta icke	haastah ickeh
the train starts in 10 minutes	tåget lämnar inom tio minuter	taaget lemnar inom tiooh minuter

Railway.

the luggage train	bagagetåget	baagaschtoaget
where is your luggage?	hvar är ert bagage?	vaar arh erht baagasch
here it is	här är det	hare arh det
it is too heavy	det är för tungt	det arh foer tungt
you have to pay for extra weight	ni för betala för öfvervikt	nee fore betaalah foer aevervickt
here are the tickets for the luggage	här äro biljetterna för bagaget	hare aerooh bilyetternah foer baagaschet
take your seats	intag edra sittplatser	intaag ehdrah sit-plaatser
the train is just going to start	tåget går genast	taaget gore gehnaast
the train is now starting	nu går tåget	nuu gore toaget
it does not go very fast	det går icke så fort	det gore ickeh so foort
not so fast as in England	icke så fort som i England	ickeh so foort some ee Angland

English.	Swedish.	Pronunciation.
but much safer	men mycket säkrare	men myck't saek-raareh
here is a stataion	här är en station	hare aih en staatsehoon
do we stop here?	stanna vi här?	staanah vee hare
how long do we stop here?	huru länge stanna vi här?	buruh langely staanat nee hare
I want a ticket for Cologne	jag vill ha biljett till Köhlen	yaag vill haah bilyette till schoeln
first-class	första klass	foerstah klaass
second-class	andra klass	aandrah klaass
third-class	tredje klass	tredyeh klaass
the express train	express tåget	express toaget
the ordinary train	ordinarie tåget	ordeenaarie toaget
Yes, from ten to twelve hours	ja, från tio till tolf timmar	yaa, fron tiooh till tolve timmar
very pretty country	mycket vackert land	mycket vaackert laand
arrived at last	ankom slutligen	aankome sluutleegen
five minutes	fem minuter	fem minnuter
off we are again	i våg igen	ee vaeg eeyan
they stop at every station	de stamma vid hvarje station	de stannah veed vaaryeh staatschoon
It is a long journey	det är en lång resa	det arh en long rehsah
give your ticket	gif er biljett	yeeve erh bilyette
here it is	här är den	hare arh den
is this Cologne?	är detta Kohln	arh dettah schoeln
yes, madam	ja, madam	yaa, maadame

Steamboat.

They are going to start	de fara snart	de faarah snaart
let us go down into the cabin	låt oss gå ned i hytten	loat us ge neshd ee hyten
where is my berth?	hvar är min säng?	vaar arh min sang

English.	Swedish.	Pronunciation.
your name is written upon it	edert namn är skrifvet på den	ehdert naamn arh skreevet poh den
let us go on deck	låt ass gå app på däck	loat us go up poh deck
the tide is strong	tidvattnet är starkt	teedvaatnet arh staarkt
the sea is rough	hafvat är upprört	haavet arh uproert
the steamer	ångbåten	ongboaten
when do you start?	når afgår ni?	nare aavgore nee
with the tide	med tidevattnet	medh teedvaatnet
at what time?	hvad tid?	vaad teed
at 9 o'clock	klockan nio	kloackan neeooh
The wind is against us	vinden är emot oss	vinden arh emoot us
so much the worse	så mycket värre	so mycket varreh
we shall have a long passage	vi ha en lång resa	vee haa en long rehsah -
I feel seasick	jag är sjösjuk	yaag arh choechuke
is it this one?	är det denna?	arh det denah
come to the custom-house	kom till tullhuset	kohm till tullhuuset
you will find all your luggage at the custom-house	ni finner allt ert bagage i tullhuset	nee finner aalt ehrt baagaasch ee tullhuuset
will you examine this trunk?	vill ni undersöka denna koffert?	vill nee undersoekah dennah kuffert
open it	öppna den	oepnah den
unlock it	lås upp den	lohs up den
I see land	jag ser land	yaag sehr laand
it is the harbor of Ostend	det är hamnen vid Ostend	det arh haamnen veed Ostend
we have arrived	vi ha anländt	vee haah aanlant
steward	stuart	stuaart
a glass of brandy	ett glas konjak	et glaas konyaak
I am better	jag är bättre	yaag arh batreh

English.	Swedish.	Pronunciation.
the sea is getting calm	hafvet stillar sig	haavet stillahr seeg
the sea is quite smooth	hafvet är ganska jämnt	haavet arh gaanska yamt
what a beautiful passage	hvilken angenäm resa	vilken aangename rehsah
look for my things	se äfter mina sakar	se after meenah saaker
I have two trunks	jag har twå kaffertar	yaag haar tvoh kuffertahr
there was another trunk	där var en annan kaffert	dare vaar en aanan kuffert
is your name on it?	ar ditt namn på den?	arh dit naamn poh den
Have you anything to declare?	har ni något tullbart?	haar nee nohgoot tullhaart
not that I know of	icke det jag vet	ickeh det yaag veht
all right	allt rätt	aalt rat
lock it	lås den	lobs den

The Hotel.

English.	Swedish.	Pronunciation.
Are our rooms ready?	äro våra rum i ordning?	aroo vorah rum ee ordning
quite ready to attend you, gentlemen	helt färdig att passa upp på herrarna	hehlt fardigh aht paasah up poh herrahrnah
light the candles	tänd ljusen	tand yuusen
I am very tired	jag är mysket trött	yaag arh mycket troet
which is the best hotel?	har är det bästa hotellet?	vaar arh det bastah hootelet
there are several very good ones	där äro flera mycket bra	dare aroh flerah mycket braah
let us go to the Hotel Victoria	åt oss gå till hatello Victoria	loat us go till hootel Vectoria

English.	Swedish.	Pronunciation.
et us have some supper soon	låt oss få litet kvälls-mat snart	loat us foh leetsl kvelsmaat snaart
you will find it ready in the dining-room	ni finner den färdig i matsalen	nee finner den fardi ee maatsaalen
you can have supper at any time a la carte	ni kon å kvallsmat a la carte när som hålst	nee kaan fo kvels maat a la carte nah som heist
you will find it very comfortable	ni skall finna det myc-ket komfortabelt	nee skall finnah de mysket komfortabel
waiter, take the gen-tleman to No. 6, on the first floor	uppassare, tag. her-rarne till No. 6 iv första våningen	uppaasaarch, taag herraamah till nu mer sex ee foerstal vohningen
bring me the bill	bringa mig räkningen	bringah meeg rak-ningen
how much do we owe you?	hurn mycket äro vi skgldiga eder?	huruh mycket arool vee schyldigah
charge the service (attendance)	räkna in uppassnin-gen	raknah in uppaasnin-gen
I am going to bed	jag skall gå till sängs	yaag skall go till sangı
call me tomorrow morning at 6 o'clock	väck mig i morgon klocken 6	jack meeg ee mor-goon klohkan sex
I shall leave by the early train	jag skall resa med det tidiga tåget	yaag skall resah med det teedigoh toget
bring me hot water	bringa mig hett vatten	bringah meeg het vaa ten
be good enough to receipt it	var snäll och kvittera den	vaar snell ock kvile rah den
I hope you have been satisfied	jag happas ni är be-låten?	yaag hohpas nee atl belohten
very much	mycket väl	mycket vaie
good morning	god morgon	good morgoon
I wish you a happy journey	jag önskar eder en cklig resa	yaag oenskar ehdei en lycklig resah

Swedish Language.

English.	Swedish.	Pronunciation.
Do you speak Swedish?	talar ni svenska?	taalarh nee svenskah
I speak it a little	jag talar det något litet	yaag taalarh det nogoot leetel
I do not understand	jag förstår icke	yaag faerstohr ickeh
can you read Swedish	kan ni läsa svenska?	kaan nee lasah svenskah
a little	något litet	nogoot leetel
I read it very well, but I cannot speak it	jag läser det mycket väl, men jag kan icke tala det	yaag laser det mycket vale men yaag kaan ickeh taalah det
you read very well	ni läser mycket väl	nee laser myeket vale
it is the most useful and interesting language for Englishmen to learn	det är det mest nyttigaoch intressanta språk för engelsmän att lära	det arh det mast nyteegah ock intessantah sproak faer aengelsman aht laerah
where do they speak the best Swedish?	hvar tala de denh ästa svenska?	varr taalah de den bastah svaenskah
in Sweden	i Sverige	ee svaeryeh
I find the pronunciation easy	jag finner uttalet lätt	yaag fin er uttaalaet nee laer det snaart
you will learn it soon	ni lär det snart	en mohnaad eller tvoh
a month or two in Sweden and you will know it	en månad eller två i Sverige och ni skall kunna det	ee svaeryeh ock nee skaall kuunah det
you havea good pronunciation	ni har ett godt uttal	nee haar et goadt uttaal
who was your teacher	hvem var eder lävare	vem vaar aeder laraar eh

English.	Swedish.	Pronunciation.
how long have you learned it?	huru länge har ni studerat det?	huruh langeh haar nee stunderat det
a short time only	en kort tid endäst	en kort teed endaast
people speak so fast	folk tala så fort	folk taalah so foort
you have had but little practice	ni har haft endast liten öfning	nee haar haaft endaast leete.' oevning
without a teacher	utan en lärare	uutan en laeraareh
my teacher was Mr. B.	min lävare var hr B.	min laeraareh vaar hr. B.
your sister speaks it perfectly	eder syster talar det fullkomligt	aeder syster taalaar det fulkomligt
it is a difficult language	det är ett svårt språk	det arh et svohrt spoak

Spring.

Spring has come	våven har kommit	vohren haar komit
it is still cool	det är ännu kallt	det arh annuh kolit
spring begins, well	våren börjar väl	vohren boeryar vale
it is rather mild	det är rätt mildt	det arh rat milt
it is spring weather	det är vårväder	det arh vohrvader
the trees are beginning to bud	träden börja knappas	traden boeryah kenopaas
the season is very forward	årstiden är mycket tidig	oarsteeden arh myckt teedig
it is so pleasant	det är så behagligt	det arh so behaagligt
the sun is so warm	där äro några blom-	soolen arh so vaarm
there are some flowers	solen är så varm mor	der ahroo nograh bloomoor
snowdrops	snöhviter	snoeveetor
tulips	tulpaner	tulpaaner
hyacinths	hyacinter	hyacinter
gather some	plåcka några	ploackah nagrah

English.	Swedish.	Pronunciation.
as many as you please	så många ni behagar	so mongah nee behaagar
the season is very backward	årstiden är mycket sen	oarsteeden arh mycket sehn
everything is very backward	allting är mycket sent	aalting arh mycket sehnt

Summer.

summer is coming	sommaren kommer	somaaren komer
it is becoming warm	det börjar bli varmt	det boeryar blee varmt
how warm it is	så varmt det är	so vaarmt det arh
I am very warm	jag är mycket varm	yaag arh mycket vaarm
it is very warm	det är mycket varmt	det arh mycket vaarmt
it is too warm	det är för varmt	det arh foer vaarmt
the weather is clearing up	vädret klarnar upp	vaadret klaamar up
there is a rainbow	där åren regnbåge	det arh en regnbowgeh
the sun breaks out	solen bryter fram	soolen bryter fraam
it lightens	det blixtrar	det blixtrar
the lightning	blixten	blixten
what a storm	hvilken storm	veelken storm
it is almost hot	det är nästan hett	det arh nastan het
it is a fine day	det är en vacker dag	det arh en vaacker daag
it is a splendid day	det är en härlig dag	det arh en barlig daag
I think we shall have a storm	jag tänker vi få en storm	yaag taker vee fo en storm
that is very likely	det är ganska troligt	det arh gaanskah trooligt

English.	Swedish.	Pronunciation.
the clouds are gathering	målnen samla sig	malnen saamlah seeg
I hear thunder	jag hör åska	yaag hoer oskah
it thunders	åskan går	oskan gore
it thunders fearfully	åskan går förfärligt	oskan gore foerfarugt
the heat is great	hettan är svår	hetahn arh svore
the heat is unbearable	hettau är odräglig	hetahn arh oodraglig
let us take a bath	låt oss taga ett bad	loat us taagah et baad
in the river	i floden	ee flooden
it is very close	det är mycket tryckande vårme	det arh mycket tryckandeh varmeh
how it rains	så det regnar	so det regnar
it pours	det hälleregnar	det hellregnar
the sky begins to clear	skyn börjar klarna	sehyn boeryar klaarmah
the rain ceases	regnet upphör	regnet aphoer

Autumn.

English.	Swedish.	Pronunciation.
he leaves are beginning to fall	löfven börja falla	loeven boeryah faalah
the days are still fine	dagarna äro ännu vackra	daagarnah aeroo annuh vaackrah
summer is over		somaaren arh foerbee
the heat is past	sommaren är förbi	baetan arh oever
the mornings and evenings are cool	hettan är öfver morgnarna och kvällarna äro kalla	morgnaarnah ock hvalaarnah aeroo kaallah
the days are closing	dagarna aftaga	daagarnah aavttaagah
autumn is interesting on the Rhine	hösten är intressant på Rehnfloden	hoesten arh intresahnt poh Rhenflooden
it is the time of the vintage	det är tiden för vinskörden	det arh teeden foer veenschoerden

English.	Swedish.	Pronunciation.
we have had a fire already	vi ha haft eld redan	vee haa haaft eld rae-dan
it is soon dark	det är snart mörkt	det arh snaart moerkt
it is dark	det är mörkt	det arh moerkt
it is a fine night	det är en vacker natt	det arh en vaaker naat
how happy the people are	så lyckliga männi-skorna äro	so lyckligah maeni-schoornah aeroo .
it is a good vintage	det är en rik vinskörd	det arh en reek veen-schoerd
we must soon begin fires	vi måste snart börja elda	vee masteh snaart boeyah eldah
a dark night	en mörk natt	en moerk naat
is it moonlight	är det månljust	arh det moanyuust
it is full moon	det är fullmåne	det arh fulmoaneh
new moon	nytändning	nytaendning
do you think it will rain	tror ni det blir regn	troor nee det bleer regn
I am afraid so	jag fruktar det	yaag fruktaar det
it hails	det haglar	det haaglar
it rains	det regnar	det raegnar
it is very windy	det blåser hårdt	det blawser

Winter.

it is bad weather	det är dåligt våder	det arh doligt vaeder
it is foggy	det är dimmigt	det arh dimigt
the sky is overcast	det är mulet	det arh muulet
it is winter	det är vinter	det arh vinter
the days are so short	dagarna äaro så korta	daagamr aroeh so kortah
it is cold	det är kallt	det arh mycket kaalt
it is very cold	det är mycket kallt	det arh kaalt
it is a cold wind	det är en kall vind	det arh en kaall vind
it will snow	det blir snö	det bleer snoe

English.	Swedish.	Pronunciation.
it snows	det snöar	det snoear
it snows in great flakes	suön faller i stora flingor	snoen faller ee stoo‧rah flingor
it freezes	det fryser	det fryser
it freezes very hard	det fryser hårdt	det fryser boart
can you skate	kan ni åka skridsko	kaan nee okah skreed‧skoo
the ice does not bear	isen bår icke	eesen bare ickeh
the ice is thick enough	isen är tjock nog	eesen arh chock noog
how cold it is in Germany	såkallt det är i Tyskland	so kaalt det arh ee Tyskland
the German winters are colder than the English, but much finer	de Tyska vintrarna äro kallare än de Engelska, men mycket vackrare	deh Tyskah vintrarnah arook kaalareh an deh Angelskah, men mycket vaackrareh
it is healthy weather	det är hälsosamt våder	det arh helsoosaami vaeder
it thaws	det töar	det toeaar
it is slippery	det är halt slipprigt	det arh hallt, sliprigt
the ice is thawing	isen smålter	eesen smelter
it is dirty	det är smutsigt	set arh smutsigt
the streets are very wet and dirty	gatorna äro mycket våta och smutsiga	gaatoorna arooh mycket voatah oel smutsigah
Christmas	Jul	yule
Christmas-eve	Juafton	yuleaafton
New year	Nyår	nyoar
New year's day	Nyår's dag	nyoars daag
a new year	ett nytt år	et nyt oar

Fire.

certainly the stove warms more than a coal fire	visserlingen värmer kaminen mera än en koleld	viserlingen vaermei kaameenen meral en koaleld

English.	Swedish.	Pronunciation.
light the fire	gör upp eld	yoer up eld
what is this	hvad är detta	vaad arh detah
a stove	en kamin	en kaameen
do you put the wood in there	lågger mi in veden dår	lager nee in vehden dare
Yes, when the stove is hot you will have a warm room	ja, når kaminen blir het, får ni ett varmt rum	yaa, nare kaameenen bleer hete fore nee et vaarmmtm rum
I like the stove	jag tycker om kaminen	yaag tycker om kaameenen
It warms the rooms so much better	den vårmer rummen så mycket båttre	den vaermer rumen so mycket batre
I prefer an English coal fire	jag föredrar en Engelsk koleld	yaag foeredraar en Angelsk koaleld
it is so cheerful	den är så upplifvande	den arh so uplsevaandeh
do you burn no coals in Germany	brännen I icke kol i Tyskland	brannen ee-icken koal ee Tyskland
no, very few	nej, mycket få	nye, mycket foh
we burn wood and turf, sometimes brown coal	vi brånna ved oeh torf stumdon brun kal	vee branah vaed ock torve stundoom brunkoal
we have great forests, and wood is here cheaper than in England	vi ha stora skogar, oeh ved år hår billigare ån i England	ee haah stoorah skoogar ock vaed arh hare billigaareh an ee Angland

Writing.

I want some paper	jag önskar litet papper	yaag oenskrr leetet paapere
ink	blåck	black
pens	pånnor	pennor
a steel pen	en stålpånna	en stohlpennah
have you any	har ni några	haar nee nograh

English.	Swedish.	Pronunciation.
envelope	kuvert	kuuvert
stamps	frimärken	freemasken
wafers	munlack	munlock
sealing wax	lack	lock
I want a sheet of writing paper	jag önskar ett ark skrifpapper	yaag oenskaar et aark skreevpaapere
blotting paper	läskpapper	laskpaapere
a quire	en bok papper	en book paapere.
I have to write a letter	jag skall skrifva ett bref	yaag skall skreevah et breve
I must write a letter	jag måste skrifva ett bref	yaag mosteh ekreevah et breve
a penknife	en pånknif	en penkeneeve
now I will write	nu skall jag skrifva	nuu skall yaag skreevah
what is the day of the month	hvad dato är det	vaad daato arh det
it is the 16th	det är den 16de	det arh den sextoondeh
where is the postoffice	hvar är postkontoret	vaar arh postkontooret
close by	nåra in till	narah intill
when do the letters go to England	når afgå brefven till England	naer aavgoh breven till Angland
daily	dagligen	daagligen
take it to the postoffice	tag det till postkontoret	taag det till postkontooret
pay the postage	betala postportot	betaalah postportoot
have you sealed the letter	har ni förseglat brefvet	haar nee foerseglat brevet
I forgot it	jag glömde det	yaag gloemdeh det
where is my seal	hvar är mitt sigill	vaar arh mit seegille
where is it	hvar är det	vaar arh det
I have it	jag har det	yaag haar det

English.	Swedish.	Pronunciation
here it is	här är det	hare arh det
take care of the letter	tag vara på brefvet	taag vaarah poh brae-ve
you have spoiled this shirt	ni har förderfvat denna skjortan	nee haar foerdarvaht denna schoorta
this handkerchief does not belong to me	denna näsduken tillhör icke mig	denna naesdukean tillicke meeg
you have torn this dress	ni har rifvit sönder denna kläddningen	nee haar reevit soender denna klaedning
you have kept a pair of stockings	ni har behållit ett par strumpor	nee haar behallit et par strumpor
a nightshirt is wanting	en nattskjorta fattas	en natschoorta faatahs
I miss a collar	jag saknar en krage	yaag saaknar en kraage
see how badly that is done	se huru slarfvigt detta är gjordt	sae hurruh slaarvigt dettah arh yoort
you must take it back	ni måste taga det tillbaka	nee moste laagah det tilbaakah
this is badly ironed	detta är dåligt struket	det arh dolight truuket
this shirt is scorched	denna skjorta är bränd	denna schootah arh brand
you bring my linen very late	ni bringar mitt linnen mycket sent	nee bringar mit linneh mycket saent
you wash badly	ni tvättar illa	nee tvatar illah
you have washed it well	ni har tvättat det väl	nee haar tvataf let vale
I like my collars stiff	jag önskar fåmina kragar styfva	yaag oenskar minah kaagar styvah
you do not put starch in it.	ni lägger icke stärkelse i det	nee laeger ickeh staerkelseh ee det
have you your bill	har ni eder räkning	haar nee eder rolkening

English.	Swedish.	Pronunciation.
you must wash better or I must give my linen to some other laundress	ni måste tvätta båttre annars måste jag lämna mitt linne till en annan tvätterska	nee mawste tvaetta baettre aannaars mawste yaag laenna mitt linneh till en aannaan tvaetter-skah

DECLENSIONS OF NOUNS.

With Definite Article.

MASCULINE.

Singular.

Nom.	mannen	the man
Gen.	mannens	of the man
Acc.	mannen	to the man
Dat.	mannen	the man

Plural.

Nom	männen	the men
Gen.	männens	of the men
Dat.	männen	to the men
Acc.	männen	the men

FEMININE.

Singular.

Nom.	kvinnan	the woman
Gen.	kvinnans	of the woman
Dat.	kvinnan	to the woman
Acc.	kvinnan	the woman

Plural.

Nom.	kvinnorna	the women
Gen.	kvinnornas	of the women
Dat.	'vinnorna	to the women
Acc.	vinnorna	the women

NEUTER.

Singular.

Nom.	barnet	the child
Gen.	barnets	of the child
Dat.	barnet	to the child
Acc.	barnet	the child

Plural.

Nom.	barnen	the children
Gen.	barnens	of the children
Dat.	barnen	to the children
Acc.	barnen	the children

With Indefinite Article.

MASCULINE.

Nom.	en fader	a father
Gen.	en faders	of a father
Dat.	en fader	to a father
Acc.	en fader	a father

FEMININE.

Nom.	en moder	a mother
Gen.	en moders	of a mother
Dat.	en moder	to a mother
Acc.	en moder	a mother

Adjectives.

The adjective in Swedish is placed before the noun and agrees with the same in regard to gender and number. Furthermore, there are to be observed Case, Declansion and Comparison, as:

Den gode fadern, the good father.

Den goda modern, the good mother.

Det goda barnet, the good child.

En god fader, a good father.

En god moder, a good mother.
Ett godt barn, a good child.

Comparison of Adjectives.

The Comparative is formed by adding are or re to the Positive form, and the Superlative by adding ast or st, as: Stark, strong—starkare, stronger; starkast, strongest.

Hög, high; högre, higher; högst, highest. The "than" following the comparative is translated by "än," as: han är mindre än jag, he is smaller than I.

Pronouns.

Jag	I	I	you	hennes	hers
du	hou	de	they	vår	our
han	.ie	min	mine	eder	your
hon	she	din	thine	deras	their
vi	we	hans	his		

Note that "ni," you, is used, and not "du" in addressing a single person.

"Det," it, is used in Swedish as the equivalent it is used in English.

"Ho" or "hvem," who; "hvilken," which; "sådan," such; "någon," somebody; "ingen," nobody.

Verbs.

———— to have.

Infinitive.

Present	to have	att hafva (ha)
Perfect	to have had	att hafva haft
Future	to be about to have	att skoia hafva

Participles.

Present	having	hafvande
Perfect	had	haft

—— to have.

Present.

INDICATIVE.

I have	du har (hafver)
Thou hast	han har (hafver)
He has	vi hafva
We have	I hafven
You have	de hafva
They have	Jag har (hafver)

SUBJUNCTIVE.

I may have	Jag bafve
Thou mayest have	du hafve
He may have	han hafve
We may have	vi hafve
You may have	I hafven
They may have	de hafve

—— to have.

Imperfect.

INDICATIVE.

I had	Jag hade
Thou hadst	du hade
He had	han hade
We had	vi hade
You had	I haden
They had	de hade

SUBJUNCTIVE.

I might have	Jag hade
Thou mightest have	du hade
He might have	han hade

We might have	vi hade
You might have	I haden
They might have	de hade

——— to have.

Perfect.
INDICATIVE.

I have had	Jag har haft
Thou hast had	du har haft
He has had	han har haft
We have had	vi hafva haft
You have had	I hafven haft
They have had	de hafva haft

SUBJUNCTIVE.

I may have had	Jag må hafva haft
Thou mayst have had	du må hafva haft
He may have had	han må hafva haft
We may have had	vi må hafva haft
You may have had	I mån hafva haft
They may have had	de må hafva haft

——— to have.

Pluperfect.
INDICATIVE.

I have had	Jag hade haft
Thou hast had	hon hade haft
He had had	han hade haft
We had had	vi hade haft
You had had	I haden haft
They had had	de hade haft

——— to have.

First Future.
SUBJUNCTIVE.

I might have had	Jag måtte hafva haft
Thou mightest have had	du måtte hafva haft
He might have had	han måtte hafva haft
We might have had	vi måtte hafva haft
You might have had	I måtten hafva haft

They might have had	de matte hafva haft
I shall have	Jag skall hafva
Thou shalt have	du skall hafva
He shall have	han skall baɪva
We shall have	vi skola hafva
You shall have	I skolen hafva
They shall have	de skola bafva

SUBJUNCTIVE.

If I shall have	om jag skall hafva
If thou shalt have	om du skall hafva
If he shall have	om han skall hafva
If we shall have	om vi skola hafva
If you shall have	om I skolen hafva
If they shall have	om de skola hafva

—— to have.

Second Future.
INDICATIVE.

I shall have had	Jag skall hafva haft
Thou shalt have had	du skall hafva haft
He shall have had	han skall hafva haft
We shall have had	vi skola hafva haft
You shall have had	I skolen hafva haft
They shall have had	de skola hafva haft

SUBJUNCTIVE.

If I shall have had	om jag skulle hafva haft
If thou shalt have had	om du skulle hafva haft
If he shall have had	om han skulle hafva haft
If we shall have had	om vi skulle hafva haft
If you shall have had	om I skullen hafva haft
If they shall have had	om de skulle hafva haft

—— to have.

First Conditional.

I should have	Jag skulle hafva
Thou shouldst have	du skulle hafva
He should have	han skulle bafva

We should have	vi skulle hafva
You should have	I skullen bafva
They should have	de skulle hafva

Second Conditional.

I should have had	Jag skulle hafva hart
Thou shouldst have had	du skulle hafva haft
He should have had	han skulle hafva haft
We should have had	vi skulle bafva haft
You should have had	i skullen bafva haft
They should have had	de skulle bafva **haft**

—— to have.

Imperative.

Have	haf
Let him have	låt honom hafva
Let us have	låtom oss hafva
Have ye	hafven I
Let them have	låt dem bafva

—— to be.

Infinitive.

Present, to be	att vara
Perfect, to have been	att hafva varit
Future, to be about to be	skala vara

PARTICIPLES.

| Present, being | varande |
| Perfect, been | varit |

—— to be.

Present.
INDICATIVE.

I am	Jag är
Thou art	du är
He is	han är
We are	vi äro
You are	I ären
They are	de äro

SUBJUNCTIVE.

| I may be | Jag vare |
| Thou mayest be | **du vare** |

He may be	vi vare
We may be	I varen
You may be	de vare
They may be	han vare

INDICATIVE.

———— to be.

Imperfect.

I was	Jag var
Thou wast	du var
He was	han var
We were	vi voro
You were	I voren
They were	de voro

SUBJUNCTIVE.

I might be	Jag vore
Thou mightest be	du vore
He might be	han vore
We might be	vi vore
You might be	I voren
They might be	de vore

———— to be.

Perfect.

INDICATIVE.

I have been	Jag har varit
Thou hast been	du har varit
He has been	han har varit
We have been	vi hafva varit
You have been	I hafven varit
They have been	de hafva varit

SUBJUNCTIVE.

I may have been	Jag må hafva varit
Thou mayest have been	du må hafva varit
He may have been	han må hafva varit
We may have been	vi må hafva varit
You may have been	I mån hafva varit
They may have been	de må hafva varit

Pluperfect.
INDICATIVE.

I had been	Jag hade varit
Thou hadst been	du hade varit
He had been	han hade varit
We had been	vi hade varit
You had been	I haden varit
They had been	de hade varit

SUBJUNCTIVE.

I might have been	Jag skulle hafva varit
Thou mightest have been	du skulle bafva varit
He might have been	han skulle hafva varit
We might have been	vi hade varit
You might have been	I haden varit
They might have been	de hade varit

SUBJUNCTIVE.

I might have been	Jag skulle hafva varit
Thou mightest have been	du skulle hafva varit
He might have been	han skulle hafva varit
We might have been	vi skulle hafva varit
You might have been	I skullen hafva varit
They might have been	de skulle hafva varit

———— to be.
INDICATIVE.

I shall be	Jag skall vara
Thou shalt be	du skall vara
He shall be	han skall vara
We shall be	vi skola vara
You shall be	I skolen vara
They shall be	de skola vara

SUBJUNCTIVE.

If I shall be	om jag skall vara
If thou salt be	om du skall vara
It he shall be	han skall vara
If we shall be	om vi skola vara
If you shall be	om I skolen vara
If they shall be	om de skola vara

————— to be.

Second Future.
INDICATIVE.

I shall have been	Jag skall hafva varit
Thou shalt have been	du skall bafva varit
He shall have been	han skall bafva varit
We shall have been	vi skola hafva varit
You shall have been	I skolen hafva varit
They shall have been	de skola hafva varit

SUBJUNCTIVE.

If I shall have been	om jag skall hafva varit
If thou shalt have been	om du skall bafva varit
If he shall have been	han skall hafvavarit
If we shall have been	om vi skola bafva varit
If you shall have been	om I skolen hafva varit
If they shall have been	om de skola bafva varit

First Conditional.

I should be	Jag skulle vara
Thou shouldst be	du skulle vara
He should be	han skulle vara
We should be	vi skulle vara
You should be	I skullen vara
They should be	de skulle vara

Second Conditional.

I should have been	Jag skulle hafva varit
Thou shouldst have been	du skulle bafva varit
He should have been	han skulle hafva varit
We should have been	vi skulle hafva varit
You should have been	I skullen hafva varit
They should have been	de skulle hafva varit

————— to be.

Imperative.

Be	var
Let him be	låt honom vara
Let us be	Låtom oss vara
Be ye	varen I
Let them be	låt dem vara

TOR.
Present.
INDICATIVE.

Singular.		Plural.
Jag tör		Vi tör
Du tör		I tören
Han tör		De tör

Imperfect.

Singular.		Plural.
Jag torde		Vi torde
Du torde		I torden
Han torde		De torde

Måste—I must, to be oblige.
Indicative—Present.

Jag måste		Vi måste
Du måste		I måsten
Han måste		De måste

Imperfect.

Jag måste		Vi måste
Du måste		I måsten
Han måste		De måste

Past Participle—Mast.
Må—I may, to like.
Indicative—Present.

Singular.		Plural.
Jag må		Vi må
Du må		I mån
Han må		De må

Imperfect

Jag måtte		Vi måtte
Du måtte		I måtten
Han måtte		De måtte

Vilja—to be willing.
Indicative—Present.

Singular.		Plural.
Jag vill		Vi vilja
Du vill		I viljen
Han vill		De vilja

·Imperfect.

Singular.   Plural.

Jag ville   Vi ville
Du ville   I villen
Han ville   De ville

Skola—to be oblige, I shall, I ought.

Present.
INDICATIVE.

I shall   I shall

Jag skall   Vi skola
Du skall   I skolen
Han skall   De skola

SUBJUNCTIVE.

I Shall   Wanting.

Imperfect.

Jag skulle   Vi skulle
Du skulle   I skullen
Han skulle   De skulle

Perfect—solat.
Participle—skolande.
Kunna—to be able, I can.

Present.
INDICATIVE.

Jag kan   Vi kunna
Du kan   I kunna
Han kan   De kunna

Imperfect.

Jag kunde   Vi kunde
Du kunde   I kunden
Han kunde   De kunde

Infinitive—Kunna.
Past Participle—kunnat.
Låta—to let.

Present.

INDICATIV   SUBJUNCTIVE

Jag låter   Jag låte
Du låter   Du låte

Han **låter**   Han låte
Vi låta   Vi låte
I låten   I låten
De låta   De låte

Imperfect.

INDICATIVE.   SUBJUNCTIVE.

Jag låt   Jag låt
Du låt   Du låt
Han låt   Han låt
Vi låto   Vi låto
I låten   I låten
De låto   De låto
Perfect, har låtit   Participle, låtande
Pluperfect, hade låtit   Past Participle, låtit
Future, skall låta   Imperative, låt du, låt honom,
Future Perfect, skall **hafva**   singular. Låtom oss, låten
  låtit   eder, låten dem, plural.

Active Voice.
—— to live.

Infinitive.

Present, to live   att lefva
Perfect, to have lived   att hafva **lefvat**
Future, to be about to live.   skall lefva

Participles.

Present, living   lefvande
Perfect, lived   lefvat

—— to live.

Present.
INDICATIVE.

I live   Jag lefver
Thou livest   du lefver
He lives   han lefver
We live   vi lefva
You live   I lefven
They live   de lefva

SUBJUNCTIVE.

I may live	Jag lefve or må lefva
Thou mayest live	du lefve or må lefva
He may live	han lefve or må lefva
We may live	vi lefve or må lefva
You may live	I lefven or mån lefva
They may live	de lefve or må lefva

——— to live.

Imperfect
INDICATIVE.

I lived	Jag lefde
Thou livedst	du lefde
He lived	han lefde
We lived	vi lefde
You lived	I lefden
They lived	de lefde

SUBJUNCTIVE.

I might live	Jag lefde or måtte or skulle lefva
Thou mightest live	du lefde or måtte or skulle lefva
He might live	han lefde or måtte or skulle lefva
We might live	vi lefde or måtte or skulle lefva
You might live	I lefden or måtte or skulle lefva
They might live	de lefden or måtte or skulle lefva

——— to live.

Perfect.
INDICATIVE.

I have lived	Jag har lefvat
Thou hast lived	du har lefvat
He has lived	han har lefvat

We have lived	vi hafva lefvat
You have lived	I bafven lefvat
They have lived	de hafva lefvat

SUP,UNCTIVE.

I may have lived	Jag må hafva lefvat
Thou mayest have lived	du må hafva lefvat
He may have lived	han må hafva lefvat
We may have lived	vi må hafva lefvat
You may have lived	I mån hafva lefvat
They may have lived	de må hafva lefvat

——— to live.

Pluperfect.

INDICATIVE.

I had lived	Jag hade lefvat
Thou hadst lived	du hade lefvat
He had lived	han hade lefvat
We had lived	vi hade lefvat
You had lived	I haden lefvat
They had lived	de hade lefvat

SUBJUNCTIVE.

I might have lived	Jag hade lefvat skulle or måtte hafva lefvat
Thou mightest have lived	du hade lefvat skulle or måtte hafva lefvat
He might have lived	han hade lefvat skulle or måtte hafva lefvat
We might have lived	vi hade lefvat or måtte or skulle hafva lefvat
You might have lived	I haden lefvat or måtte or skulle hafva lefvat
They might have lived	de hade lefvat or måtte or skulle hafva lefvat

—— to live.
First Future.
INDICATIVE.

I shall live	Jag skall lefva
Thou shalt live	du skall lefva
He shall live	han skall lefva
We shall live	vi skola lefva
You shall live	I skolen lefva
They shall live	de skola lefva

SUBJUNCTIVE.

If I shall live	om jog skola lefva
If thou shalt live	om du skola lefva
If he shall live	om han skola lefva
If we shall live	om vi skola lefva
If you shall live	om i skola lefva
If they shall live	om de skola lefva

—— to live.
Second Future.
INDICATIVE.

I shall have lived	Jag skall hafva lefvat
Thou shalt have lived	du skall hafva lefvat
He shall have lived	han skall hafva lefvat
We shall have lived	vi skola hafva lefvat
You shall have lived	I skolen hafva lefvat
They shall have lived	de skola hafva lefvat

SUBJUNCTIVE.

If I shall have lived	om jag skall hafva lefvat
If thou shalt have lived	om du skall hafva lefvat
If he shall have lived	om han skall hafva lefvat
If we shall have lived	om vi skola hafva lefvat
If you shall have lived	om i skolen hafva lefvat
If they shall have lived	om de skola hafva lefvat

First Conditional.

I should live	Jag skulle lefva
Thou shouldst live	du skulle lefva
He should live	han skulle lefva

We should live	vi skulle lefva
You should live	I skullen lefva
They should live	de skulle lefva

Second Conditional.

I should have lived	Jag skulle hafva lefvat
Thou shouldest have lived	du skulle hafva lefvat
He should have lived	han skulle hafva lefvat
We should have lived	vi skulle hafva lefvat
You should have lived	I skullen hafva lefvat
They should have lived	de skulle hafva lefvat

—— to live.

IMPERATIVE—Mark 10- pt	Black lower case
Live (thou)	lef (du)
Let him live	låt honnonm lifva
Let u slive	låtom oss lefva
Live (ye)	lefven (I)
Let them live -	låten dem lefva

Washing Bill—For Gentlemen.

English.	Swedish.	Pronunciation.
waistcoat	våst	vaest
collars	kragar	kraagahr
cuffs	manchetter	mahnchetter
dressing gown	nattrock	nattrock
socks	strumpor	strumpoor
shirts	skiortor	shoohrtoor
nightshirts	nattskiortor	nahttshoohrtoor
pair of stockings	par strumpor	pawr strumpoor
drawers	kalsonger	kahlsonger
pocket handkerchiefs	näsdukar	naesdukahr

English.	Swedish.	Pronunciation.
silk handkerchiefs	silke näsdukar	silkeh naesdukahr
neckhandkerchiefs	halsduk	hahlsduke
flannel waistcoat	flannel väst	flahnnehl vaest
summer trousers	sommar byxor	sommahr byxor

For Ladies.

chemises	linnetyg	linnehtyg
night gowns	natt linne	nahtt linneh
pair of stockings	par strumpor	paar strumpoor
silk stockings	silke strumpor	silkeh strumpoor
night caps	natt mössor	nahtt moessahr
petticoats	underkjolar	undershoohlehn
flannel petticoat	flannel underkjol	flahnnehl undershool
a dress	en klädning	en klaedning
dresses	klädningar	klaedningar
stays	snörlif	snoerleaf
an apron	en föreklädning	en foerehklaening
a cap	en mössa	en moessah
flannel waistcoat	flannel väst	flahnnehl vaest
dressing gown	kamkofta	kahmkawftah
pocket handkerchiefs	nasdukar	naesdukahr
sleeves	ärmar	aermahr
cuffs	manchetter	mahnshehtter
collars	kragar	kraagahr

Linen.

pair of sheets	par lakan	paar laakehn
pillow cases	örngottsvar	oerngaavtsvaar
blankets	täcken	taekehn
towels	handdukar	haanddukahr
kitchen towels	köks duk	chocks duke
tablecloth	bordduk	boordduke
napkins	servetter	servetter

Swedish Money.

This Tbale shows the comparative value of Swedish and American Money.

American Money.		Swedish Money.	
Dollars	Cents	Kronor	Ore
5	— equal	18	50
2	50 equal	9	25
1	25 equal	4	63
—	63 equal	—	90
—	25 equal	—	40
—	12 equal	—	20
—	6 equal	—	6
—	2 equal		

ALBERTUS MAGNUS EGYPTIAN SECRETS

Being the Approved, Verified, Sympathe-
tic and Natural or, White and Black Art
for Man and Beast. The book of Nature
and Hidden Secrets and Mysteries of
Life Unveiled, being the Forbidden
knowledge of Ancient Philosophers, by
the Celebrated Student, Philosopher,
Chemist, Etc.

Translated from the German.
Three separate volumes all bound in one.

Albertus, surnamed Magnus, from the Latinizing of his
surname, which was Great, was a native of Suabia, and born
in 1215. He was ardently desirous of acquiring knowledge,
and studied with assiduity; but being of slow comprehension,
his progress was not adequate to his expectations, and, there-
fore, in despair he resolved to relinquish books, and bury
himself in retirement. One night, however, he saw the vision
of a beautiful woman, who accosted him and inquired the
cause of his grief. He replied that in spite of all his efforts to
acquire information, he feared he should always remain ig-
norant. "Have you so little faith," replied the lady, "as to
suppose that your prayers will not obtain what you cannot
yourself accomplish?" The young man prostrated himself
at her feet, and she promised all that he desired, but added
that as he preferred philosophy to theology, he should lose
his faculties before his death. She then disappeared and the
prediction was accomplished. Albertus became, unwillingly,
Bishop of Ratisbon, but he relinquished the See within three
years, and resided chiefly at Cologne, where he produced
many wonderful works. It was said that he constructed an
automaton which both walked and spoke, answered questions
and solved problems submitted to it. Thomas Aquinas, who
was the pupil of Albertus, was so alarmed on seeing this
automaton, which he conceived to be the work of the devil,
that he broke it to pieces and committed it to the flames.
When William, Count of Holland, and King of the Romans,
was at Cologne, Albertus invited him to a banquet, and prom-
ised that his table should be laid out in the middle of his
garden, although it was then winter, and severe weather.
William accepted the invitation, and on arriving at the house
of Albertus, was surprised to find the temperature of the air
as mild as in summer, and the banquet laid out in an arbor
formed of trees and shrubs covered with leaves and flowers,
exhaling the most delicious odors, which filled the whole gar-
den. Albertus was reputed a magician, but nevertheless, after
his death, which occurred in 1292, in his seventy-seventh

SELF - TAUGHT LANGUAGE SERIES

GERMAN SELF-TAUGHT
By Franz Thimm.
"Sprechen Sie Deutsch"
A new system, on the most simple principles, for Universal Self-Tuition, with English pronunciation of every word. By this system any person can become proficient in the German language in a very short time. This book also contains a table which shows the comparative value of German and American money. It is the most complete and easy method ever published. By Franz Thimm. (Revised Edition.)

Bound in paper cover.
FRENCH SELF-TAUGHT.　　"Parlez vous Francaise?"
By Franz Thimm. Uniform and arranged the same as "German Self-Taught," being the most thorough and easy system for Self-Tuition. (Revised Edition.)

Bound in paper cover.
SPANISH SELF-TAUGHT.　　"I Habla V. Espanol?"
By Franz Thimm. A new system for Self-Tuition, arranged the same as French and German, being the easiest method of acquiring a thorough knowledge of the Spanish language. (Revised Edition.)

Bound in paper cover.
ITALIAN SELF-TAUGHT.　　"Parlate Italiano?"
By Franz Thimm. Uniform in size and style with German, French and Spanish, being the most simple method of learning the Italian language. (Revised Edition.)

Bound in paper cover.
SWEDISH SELF-TAUGHT.　　"Hur star det tell"
Uniform and arranged the same as "German Self-Taught," being the most thorough and easy system for Self-Tuition. (Revised Edition.)

Bound in paper cover.
NORWEGIAN SELF-TAUGHT.　"Hvorledes garr det dem?"
A new system for Self-Tuition, arranged the same as French and German, being the easiest method of acquiring a thorough knowledge of the Norwegian language. (Revised Edition.)

Bound in paper cover.
POLISH SELF-TAUGHT.　　　Jak Sie Czujess
Uniform in size and style with German, French and Span-
i　　　most sim l　　　learnin the Polish

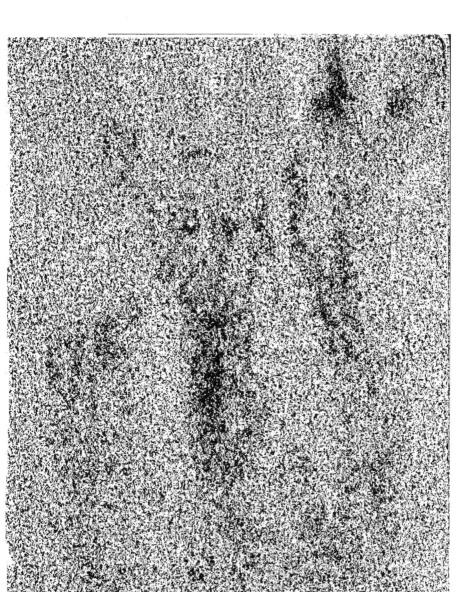

ALL BOOKS MAY BE RECALLED AFTER 7 DAYS

RENEWALS AND RECHARGES MAY BE MADE 4 DAYS PRIOR TO DUE DATE.
LOAN PERIODS ARE 1-MONTH, 3-MONTHS, AND 1-YEAR.
RENEWALS: CALL (415) 642-3405

DUE AS STAMPED BELOW

CPSIA information can be obtained
at www.ICGtesting.com
Printed in the USA
BVHW071549171218
535787BV00018B/757/P

9 781332 773787